LA TIERRA SE MUEVE

grandes descubrimientos

LA TIERRA SE MUEVE

Galileo y la Inquisición

Dan Hofstadter

Traducción: Víctor V. Úbeda

Antoni Bosch editor

Publicado por Antoni Bosch, editor
Palafolls, 28 - 08017 Barcelona – España
Tel. (+34) 93 206 07 30
e-mail: info@antonibosch.com
www.antonibosch.com

Título original de la obra
The Earth Moves
Galileo and the Roman Inquisition

© 2009 by Dan Hofstadter
© 2009 de la edición en castellano: Antoni Bosch, editor, S.A.

ISBN: 978-84-95348-53-1
Depósito legal: B-39897-2009

Diseño de la cubierta: Compañía
Maquetación: Antonia García
Impresión: Liberdúplex

Impreso en España
Printed in Spain

Para Bette

Índice

Nota del autor

En vista de la gran cantidad de libros que existen sobre Galileo el lector tiene todo el derecho a preguntarse en qué se diferencia éste de cualquier otro con el que pudiera toparse. Como el título indica, se trata de un intento por relatar cómo la Inquisición romana procesó y condenó en 1633 al ilustre físico y astrónomo Galileo por defender la hipótesis copernicana sobre el sistema solar, una idea que el Vaticano había censurado en un edicto. He intentado contar esta historia de forma sucinta para el público en general y sin incluir en el texto más que unos pocos párrafos de matemáticas muy elementales.

Asimismo, para atravesar el espeso bosque de datos e información, he optado por tomar un sendero muy concreto. Galileo tenía varios motivos para adoptar la postura copernicana. Sus deducciones en el terreno de la mecánica y de la astronomía matemática alimentaron su creciente convicción de que la Tierra giraba alrededor del Sol, y por ello he tocado ambos asuntos; sin embargo, he dedicado mucha más atención a las extraordinarias mejoras que introdujo en el telescopio en otoño de 1609, un súbito logro que le permitió ver con sus propios ojos la superficie de la luna, las fases de Venus y los satélites de Júpiter, y contemplar así los mecanismos celestiales en acción. Con el tiempo, estas observaciones telescópicas terminarían enfrentándolo a los edictos de la Iglesia católica romana en mucha mayor medida que sus descubrimientos

en materia de física, por más que éstos fuesen de mayor envergadura. Esta divergencia representó el primer gran ejemplo del secu-
lar antagonismo entre religión y ciencia, y aún tiene mucho que
enseñarnos.

Lo que Galileo hizo con el telescopio constituye, de suyo, una
historia emocionante, pero tengo un motivo especial para relatar-
la. Mi principal interés son las artes, y al genial astrónomo, hijo de
un músico, le apasionaban la música, la literatura y la pintura. Tocaba
bien el laúd, escribía versos y críticas literarias, enseñaba perspectiva, dibujaba con brío y mantuvo una dilatada correspondencia con
al menos un pintor de fuste. Aunque prefería a los clásicos, el mundo en el que vivió ya no tenía una orientación clásica sino barroca.
Un sistema de pensamiento puede calificarse de barroco cuando
para entender y disfrutar de sus componentes es imprescindible
referirlos constantemente a un todo más grande y dinámico, y desde este punto de vista Galileo fue un exponente fundamental de la
era barroca, que comenzó en torno a 1600. La geometría, trigonometría y perspectiva eran aún territorio común de matemáticos, pintores y arquitectos, todos los cuales se interesaban también por la
incipiente ciencia de la óptica; de hecho, entre los partidarios más
entusiastas de los descubrimientos telescópicos de Galileo no falta-
ron unos cuantos pintores. Aunque los historiadores de la ciencia
no se han preocupado en exceso por fijar la posición de Galileo en
el marco general de la civilización barroca, lo cual es comprensible,
yo sí he tratado de ilustrarla brevemente en estas páginas.

La mayoría de lo que se ha escrito sobre Galileo y la Inquisición
tiene que ver con la filosofía, y está bien que así sea. Pero el tema
ya cuenta con una excelente bibliografía, y además, me he sentido
más atraído por las intrincadas facetas psicológicas del proceso de
1633. Siempre me ha causado estupor el hecho de que el perse-
guidor de Galileo, el papa Urbano VIII, haya pasado a la historia del
arte como el gran mecenas de Bernini y Borromini, y el más devoto paladín del estilo barroco que jamás hubo en Italia; durante la
década de 1620 también fue amigo de Galileo y alentó su labor. En
este libro he tratado de mostrarle más simpatía de la que suele
recibir.

No obstante, el personaje que de veras me cautivó fue Francesco Niccolini, el embajador toscano en la Santa Sede del que casi nadie se acuerda pero que protagoniza muchas de las páginas que siguen. Dado que Galileo era el matemático de la corte del Gran Duque de Toscana, tanto éste como su emisario Niccolini trataron de evitar el juicio ante el Santo Oficio, o, en el peor de los casos, de abreviar el proceso mediante una solución extrajudicial, lo que hoy llamaríamos un acuerdo con la acusación. Por desgracia, Galileo, uno de los primeros intelectuales profesionales del Viejo Continente, no se prestaba bien a estas componendas. A diferencia de otros italianos que habían predicado con el ejemplo –como San Francisco, por ejemplo, que besó al leproso, o Giordano Bruno, que prefirió morir antes que abjurar de sus opiniones–, el científico estaba convencido del valor trascendente de un buen argumento, y quiso discutir con el Vaticano. Es más, quiso discutir con la Inquisición. El embajador Niccolini, conociendo como conocía la corte pontificia, previó el peligro que entrañaba semejante propósito y trató de convencer a Galileo de que lo abandonase. Leyendo la correspondencia del diplomático toscano, me conmovió el choque entre dos amigos que encarnaban dos actitudes morales tan diferentes.

Se suele calificar a Galileo de persona excesivamente suspicaz. Aunque algo de cierto hay en ello, las cartas de sus amigos dan a entender que también era objeto de mucha envidia y hostilidad. El trasfondo literario del concepto de envidia ya lo sacó a relucir hace unos años Miles Chappell en relación con dos obras del pintor Ludovico Cigoli, una de ellas dedicada a su amigo Galileo. En este libro he retomado la idea, subrayando su relación con la *Divina Comedia* de Dante.

En lo que concierne a mi deuda con los especialistas en Galileo, quiero expresar lo mucho que debo a mis lecturas de Stillman Drake y, sobre todo, William R. Shea, que me ha influido particularmente. Los artículos de Albert Van Helden sobre el telescopio galileano me han sido de gran provecho a la hora de escribir sobre ese tema concreto. Reconozco que la vertiente filosófica del proceso inquisitorial me fascina de un modo casi hipnótico, y a este respecto debo dar las gracias, entre otros, a Richard J. Blackwell, Annibale

Fantoli, Rivka Feldhay, Maurice A. Finocchiaro, Ernan McMullin y Guido Morpurgo-Tagliabue. Algunas de las opiniones que expreso en estas páginas dan por válidas las conclusiones acerca de Ludovico Cigoli a las que llega Eileen Reeves en su libro *Painting the Heavens* [*Pintando los cielos*] (aunque, desde el punto de vista morfológico, considero que el pensamiento de Galileo guarda una relación más estrecha con el de Bernini). En la bibliografía que adjunto al final del libro doy las referencias completas de los libros de todos estos escritores.

Es mucho lo que se ha publicado sobre Galileo y seguramente he pasado por alto muchos libros y ensayos. Me gustaría mencionar dos libros en concreto de los que no tuve noticia hasta después de haber entregado el manuscrito a los editores. Uno es *Galileo Der Künstler: Der Mond. Die Sonne. Die Hand* [*Galileo el artista: la Luna. El Sol. La mano*], de Horst Bredekamp, que revela algunos datos fascinantes sobre la participación directa del astrónomo en la elaboración de representaciones gráficas del firmamento. El otro libro es *Il Telescopio di Galileo: lo strumento che ha cambiato il mondo*, de Giorgio Strano, pero hasta ahora no he conseguido hacerme con un ejemplar.

Por la ayuda que me brindaron sobre la marcha, quiero dar mis más sinceras gracias a Barbara Dudley, que me consiguió una conexión fiable a Internet en una época en que era algo bastante difícil de obtener en nuestra remota aldea; a David Slavitt, por su exquisita, y de momento inédita, traducción de Ariosto; a Nino Mendolia, por su trabajo con las ilustraciones; al profesor Norman Derby, por aclararme varias cuestiones de astronomía; a Jim Mosher y Tim Pope, por ser tan amables de dejarme usar sus excelentes diagramas de rayos, y en particular al primero por aclararme varias dudas en relación a la óptica galileana; a Giorgio Strano, del florentino Istituto e Museo della Storia delle Scienze, por dejarse entrevistar en el instituto a propósito de su investigación sobre el telescopio galileano en el verano de 2007, antes de publicar su trabajo; a Ricardo Nirenberg, ese extraordinario sabio multidisciplinar, por su atenta lectura del manuscrito y por avisarme de unos cuantos errores; al profesor Glen Van Brummelen, también por leerse el manuscrito desde el punto de vista de la historia de las matemáticas; al profesor William R. Shea, de la universidad de Padua; y a Oceana Wilson, de la biblioteca del Bennington College, a Alexandra Lenzi, de la biblioteca del Istituto e Museo della Storia delle Scienze, y a Mary DiAngelo, de la biblioteca científica Schow del Williams College, por conseguirme tantos libros y artículos.

Prólogo
La citación

Galileo Galilei residía en una modesta villa de Arcetri, un pueblo situado en las colinas del sur de Florencia, cuando recibió la noticia, el primero de octubre de 1632, de que la Inquisición lo citaba a comparecer en Roma para un interrogatorio. La moderna Arcetri constituye el núcleo de lo que podríamos llamar *la Firenze bene*, el barrio residencial de la ciudad. Da la casualidad de que viví dos años en la zona, y a veces, mientras paseaba a mi hijo en sillita por el pueblo, cosa frecuente, me daba por pensar en Galileo, que escribió un gran tratado de física allí mismo, o en el poeta Eugenio Montale, cuyas cenizas reposan en un cementerio cercano. La campiña que se extiende al sur de Florencia es un espectáculo de lo más relajante, sobre todo en época de cosecha. Todas las colinas ofrecen una vista de horizontes ondulados, con apariciones esporádicas de la cúpula de la catedral de Santa Maria del Fiore, y entre el glauco delicado de los olivares y el verde más intenso de los viñedos se yerguen los campanarios de añejos establecimientos monásticos, como la cartuja de Galluzzo y el convento de las Estigmatinas (por cuyo parque de columpios mi hijo mostraba especial predilección). En otro convento franciscano, el de San Matteo, a escasos minutos de paseo, tomó los hábitos la primogénita de Galileo, sor Maria Celeste, que contaba a la sazón treinta y dos años. Cuesta trabajo caminar por este paisaje recordando la citación del Santo Oficio sin acusar el violento contraste entre la serena belleza del lugar y la tremenda angustia que la noticia causó a Galileo, a sus familiares y a sus amigos.

El motivo inmediato de la orden de comparecencia fue el fracaso del gran duque de Toscana en su intento por lograr el sobreseimiento de la causa, o al menos su traslado a la sede florentina de la Santa Inquisición. Pero la razón subyacente era el libro que Galileo había publicado en mayo de 1632 con el título de *Diálogo sobre los dos principales sistemas del mundo*, donde contraponía sutiles argumentos a favor de las cosmologías geocéntrica y heliocéntrica. La obra, cuya estructura recuerda un tanto a los diálogos platónicos, contenía lúcidas explicaciones, en un lenguaje claro y conciso, y amenos debates entre tres personajes claramente definidos. Por aquel entonces la Iglesia católica romana no suscribía ningún dogma en relación a la estructura del universo, pero sí, naturalmente, una teología, y el Concilio de Trento, concluido en 1563, había confirmado que la Biblia, en cuyas páginas se afirmaba que el sol salía por el este y se ponía por el oeste, no estaba abierta a la libre interpretación de los seglares. Aunque el libro de Galileo había recibido el imprimátur del censor vaticano, unos cuantos clérigos, la mayoría jesuitas, opinaban que se inclinaba demasiado a favor de Copérnico, el gran astrónomo heliocentrista. En el verano de 1632 se formó una comisión con el fin de examinar el libro, y a finales de septiembre la obra se prohibió de forma provisional. Aunque el papa Urbano VIII era un viejo amigo y admirador de Galileo, se sabía que estaba indignado con el científico pisano por su presunta violación de los límites que delimitaban lo que cabía sostener legítimamente, así como por otras osadas particularidades del *Diálogo*. Sin embargo, era indigno de un pontífice citar personalmente a alguien como Galileo, y parece ser que no consiguió encontrar a ningún clérigo dispuesto a hacerlo por él. Al final tuvo que ser su hermano Antonio, un capuchino aquejado de una timidez enfermiza que había llegado a cardenal obligado por Urbano, quien notificase a Galileo que debía comparecer en Roma.

El científico contaba a la sazón sesenta y nueve años. El momento decisivo de su vida había tenido lugar a finales de 1609, a los cuarenta y cinco años de edad, cuando era un matemático de renombre con dotes para la ingeniería. Ese otoño había introducido unas rápidas mejoras en una tosca mirilla que circulaba por Europa y en cuestión de meses había conseguido divisar, desde el tejado de su casa de Padua, la accidentada superficie de la luna, las fases de Venus, los satélites de Júpiter, y un sinfín de estrellas relucientes que la humanidad desconocía. Tras pasar años reflexionando sobre sus estudios e investigaciones en el campo de la mecánica y la astronomía, se inclinaba por la teoría celestial de Copérnico y había puesto en tela de juicio la validez de las dos hipótesis rivales, la ptolemaica o geocéntrica y la ticónica o geoheliocéntrica (que se antojaba tan absurda e ilógica que nunca se la tomó en serio). Pero ahora, gracias a sus observaciones telescópicas, el genio pisano ya no tenía dudas: el sol era el centro del universo. Con todo, se cuidó de hacer público este dictamen. Tan sólo en algún que otro contexto –en su correspondencia privada o en algunas de las obras que publicó, como en sus *Cartas sobre las manchas solares*, de 1613, o *El ensayador*, de 1623– se decidió Galileo a declarar sin tapujos que Copérnico tenía razón acerca del sol y que sus adversarios estaban equivocados.

En 1616, la Congregación del Santo Oficio, también conocida como la Inquisición romana, había prohibido defender o enseñar la postura copernicana alegando que era contraria a las Escrituras. El tratado donde Copérnico expuso su sistema, *Sobre las revoluciones de las esferas celestes*, de 1543, hubo de ser «corregido» por los censores vaticanos, esto es, modificado para indicar su naturaleza meramente hipotética. Esta concepción del heliocentrismo como una especie de ficción matemática contraria a la realidad estaba desarrollándose de forma espectacular por aquel entonces, y con el paso del tiempo Galileo terminó interpretándola a su manera. Tras la publicación de *El ensayador*, y alentado por la elección de un nuevo pontífice amistoso y humanista –Urbano VIII Barberini–, Galileo decidió escribir un gran tratado para sopesar los argumentos contrapuestos de las teorías geocéntrica y heliocéntrica. Esta iniciativa recibió el temerario estímulo de un antiguo alumno suyo llamado Giovanni Ciampoli, a la sazón secretario epistolar del papa e influyente muñidor de intrigas en la sombra, que, por increíble que parezca, no supo ver el peligro que entrañaba la empresa. Galileo decidió mantener el *Diálogo* en un plano puramente especulativo, pero teniendo en cuenta su profundo compromiso científico con el copernicanismo se trataba de un propósito poco menos que imposible.

En un mundo ordenado y racional, Galileo, al descubrir entre los años 1609 y 1612 la verdad sobre los cielos, habría publicado un breve tratado en defensa de las tesis copernicanas que, o bien habría convencido a la Iglesia, o habría provocado la refutación científica y teológica del Collegio Romano, la ilustre institución académica de los jesuitas. Lo que ocurrió, en cambio, fue que el Collegio confirmó con entusiasmo casi todos los descubrimientos telescópicos de Galileo. En 1616, el cardenal Roberto Belarmino, el teólogo y polemista con más talento de la época y director de la Inquisición romana, se limitó a aconsejar al pisano que no sacase de sus observaciones ninguna conclusión arriesgada. Belarmino era un hombre sumamente cortés y puede que la advertencia fuese demasiado caballerosa para lograr el efecto deseado. Por último, aunque Galileo fue objeto de investigación por parte de la Inquisición, no le obligaron a prestar declaración ni llegaron a acusarlo de nada. Así pues, no fue hasta la publicación del *Diálogo* en 1632 cuando el científico se indispuso de un modo fatídico con Roma.

Quienes no hayan leído el *Diálogo* tal vez se imaginen que consiste en un amplio resumen de todo cuanto Galileo había visto y demostrado acerca de los cielos, en su mayor parte gracias a su telescopio perfeccionado. Pero no es así. El *Diálogo* es una obra fascinante, pero como defensa del copernicanismo es menos empírica que teórica y, de hecho, especulativa. Se basa fundamentalmente en la física y la mecánica de los cuerpos celestes, y uno de sus argumentos más importantes –la creencia galileana en que las mareas se deben a la acción gravitacional del sol– es erróneo. Es cierto que el libro contiene otras explicaciones válidas relacionadas con la descripción matemática de los cuerpos en caída libre, la refutación de los argumentos anticopernicanos más conocidos, y el por qué una pelota lanzada al aire mientras la tierra gira no cae al suelo un poco más al oeste; para cualquiera que desconozca estas cuestiones –y en 1632 las desconocía prácticamente todo el mundo– el libro resulta tan lúcido como emocionante. Pero quienes buscasen una exposición detallada de la conexión lógica entre lo que Galileo había visto por el telescopio y la configuración del sistema solar se habrían sentido defraudados.

Lo que hemos de tener en cuenta, pues, es que en 1632-33 la Inquisición no pretendía rebatir las afirmaciones de Galileo, ni siquiera señalar todos los pasajes del *Diálogo* que discrepaban de las Escrituras. La verdadera cuestión era muy otra. Se había advertido a los cristianos de que no enseñasen el copernicanismo: ¿Galileo había acatado la advertencia o había hecho caso omiso? Todo lo demás no venía al caso.

Existe por tanto una enorme diferencia entre el motivo inmediato del caso Galileo, el gran enfrentamiento entre religión y ciencia que estalló en 1633 y que de una forma u otra ha persistido hasta nuestros días, y su verdadera causa. Aunque el motivo inmediato fue la publicación de una obra que parecía contravenir abiertamente una prohibición contra el copernicanismo, la verdadera causa fue la evolución de una nueva ciencia, de toda una actitud hacia la experiencia que hacía hincapié en el testimonio de los sentidos, en particular de la vista, y no en la metafísica ni en el estudio de los textos sagrados. Una y otra vez, Galileo expresa en sus escritos un asombro casi petulante ante el hecho de que la gente no sea capaz de ver todo cuanto la naturaleza exhibe de un modo tan bello, ni busque las formas trascendentes que rigen esa belleza. En *El ensayador*, este llamamiento adquiere tintes poéticos. Tal vez porque su padre fuese músico y de pequeño le enseñase a tocar el laúd, el caso es que Galileo cuenta una parábola sobre un amante de los pájaros y de su canto que se propone investigar todas las formas que existan de producir tonos musicales, ya sean obra de aves, seres humanos o insectos. El hombre viaja por todo el mundo reuniendo flautas, violines, y hasta bisagras chirriantes y copas de cristal que emiten tonos cuando se llenan de agua. Examina avispas, mosquitos, trompetas, órganos, pífanos, piopollos, hasta que finalmente captura una cigarra. Galileo nos cuenta que el hombre, al inspeccionar el insecto,

no conseguía acallar su estridente ruido ni cerrándole la boca ni sujetándole las alas, y sin embargo tampoco le veía mover las escamas que le cubrían el cuerpo ni ninguna otra cosa. Finalmente, levantó la coraza de su abdomen y vio unos cuantos ligamentos duros y finos; creyendo que el sonido podría provenir de la vibración de los mismos, el hombre decidió romperlos para silenciar al insecto. Pero nada sucedió, hasta que hundió demasiado la aguja y al ensartarlo le arrancó la vida junto con la voz, con lo cual se quedó sin saber si el canto de la cigarra tenía su origen en esos ligamentos. [...] Podría ilustrar con muchos más ejemplos la munificencia con que la Naturaleza produce sus efectos, pues emplea medios que jamás podríamos concebir sin el concurso de nuestros sentidos y nuestras experiencias, que nos los enseñan, y aun éstos no bastan en ocasiones para remediar nuestra falta de entendimiento. [...] La dificultad de comprender cómo emite la cigarra su canto cuando la tenemos en nuestras mismas manos debería ser justificación más que suficiente para disculparnos por no saber cómo se forman los cometas [...] a distancias colosales.

Si hay algo que Galileo defendía era la curiosidad, la curiosidad inmensa y sin límites.

Hay muchas formas lícitas de presentar el pensamiento galileano. En un libro tan breve como éste, se me antoja sumamente útil ofrecer, a guisa de antecedentes del juicio de 1633, un relato conciso de cómo consiguió el sabio pisano conciliar la óptica con la astronomía para ver y conocer los cielos. Dado que sus observaciones telescópicas lo llevaron a abrazar el copernicanismo, constituyen también la razón sustantiva de su divergencia respecto de las líneas de pensamiento prescritas por la Iglesia, divergencia que a la postre, entre los años 1609 y 1632, terminaría provocando el enfrentamiento entre religión y ciencia. Asimismo, he dedicado una atención mayor de la que normalmente cabría esperar a las relaciones de Galileo con los pintores y a su representación pictórica de datos astronómicos, así como al uso eclesiástico de la bóveda decorada con frescos como visión celestial alternativa; en parte, por interés personal, pero también porque estoy convencido de que el sentido de la vista, de la capacidad de ver –en contraposición a la negativa a ver–, era de suprema importancia para el pisano. Estoy hablando en un sentido más figurativo que literal, aunque parece ser que

Galileo tenía buena mano para el dibujo y era amigo de unos cuantos pintores, en especial de Ludovico Cigoli, que lo apoyaba a ultranza y con el que se escribía regularmente. Casi todos los que han escrito sobre esta relación con artistas, como Erwin Panofsky y Eileen Reeves, se han centrado en su relación con Cigoli, cuya importancia, desde un punto de vista biográfico, es sin lugar a dudas primordial. Pero esto, a mi modo de ver, no debería ocultar el hecho de que la concepción espacial de Galileo tiene mucho más en común con la de Bernini, a quien sin embargo no creo que llegase a conocer personalmente.

Se dice que Galileo, que poseía sólidos conocimientos de latín y sabía algo de griego, era capaz de recitar de memoria numerosos y extensos pasajes de Virgilio, Ovidio, Dante, Petrarca y Ariosto. Escribió poemas, una obra de teatro, cartas enormes, y muchos ensayos y libros de física y astronomía. Cuando estaba angustiado, su sintaxis se tornaba ampulosa, pero lo normal es que escribiese en un italiano sencillo y contundente, que en ocasiones pasaba de lo alegre y humorístico a lo sarcástico y mordaz. La prosa galileana está tan depurada de latinismos y florituras, y se parece tanto a los mejores ejemplos de escritura científica moderna, que algunos libros de texto italianos para estudiantes de bachillerato la incluyen en sus repasos a la historia de la composición prosística. Galileo ha de vérselas en ocasiones con problemas científicos de índole lingüística que los físicos contemporáneos abordarían con símbolos algebraicos: es uno de los últimos científicos que también parece una especie de artista −Milton lo llamaba «el artista toscano»−, y como tal recurre con frecuencia a las metáforas, tanto de manera consciente como inconsciente. Me temo que este gusto por los tropos debió de traerle problemas.

La ciencia, naturalmente, no tiene necesidad de metáforas, y por más que éstas figuren en algunos términos científicos, como «ciclo» −del griego *kuklós*, «rueda»−, *huperbolé* −«disparar más lejos de la cuenta»−, o *parabolé* −«comparar»−, lo más probable es que la geometría habría sido igual aunque hubiesen sido otros los nombres. Pero a menudo, como en el caso de Galileo, Darwin o Freud, los científicos o sus seguidores acuñan un repertorio de metáforas duraderas que, por prescindibles que sean para la ciencia propiamente dicha, fascinan de alguna forma al público y enardecen al sector religioso. Ha sido el caso de expresiones como «pluralidad de mundos», «leyes de la naturaleza», «origen del hombre», «supervivencia de los más aptos» y «complejo de Edipo», términos heurísticos todos ellos que, tal vez por desgracia, se han terminado imponiendo y convertido en latiguillos. A menudo son las ciencias incipientes, o las que atraviesan un periodo de cambio de paradigma, las que recurren durante un tiempo a las metáforas. (Los modernos psicólogos cognitivos, por ejemplo, dicen que la información se halla «cifrada» o «indexada» en la memoria de un individuo.) De vez en cuando, Galileo echa mano deliberadamente de metáforas tales como «el libro de la naturaleza», o la «repugnancia» que muestra un cuerpo a que lo arrastren en determinada dirección. En otras ocasiones, conculca convenciones metafóricas no escritas, cosa que le ocurre casi por accidente. Cuando uno niega, como hizo el pisano, que la luna sea una esfera cristalina para afirmar que es una bola picada y escabrosa, parece que está haciendo una simple afirmación objetiva, pero hay algo más: también está ofendiendo la poética visión mariana que asocia a la Virgen con la superficie inmaculada de la Luna. He intentado que esta abrasión metafórica entre Galileo y sus adversarios eclesiásticos se aprecie con mayor claridad de la que tendría en un contexto exclusivamente científico.

Todos los libros que he leído sobre el proceso de Galileo presentan a su principal antagonista, el papa, en su papel de prelado, teólogo, líder político y regidor encubierto de la Inquisición. El pontífice nunca sale muy favorecido en los retratos, ni siquiera cuando los escritores son católicos conservadores. Pero los anales del arte nos muestran una imagen bastante diferente de Urbano VIII Barberini, y en estas páginas he tratado de fundirla con la que nos ofrece la historia de la ciencia. Ningún lector interesado por el estilo barroco se sorprenderá de que Maffeo Barberini fuese un gran mecenas de la escultura y arquitectura italianas. Poseedor de una vasta cultura, Urbano VIII era también un seguidor entusiasta de los descubrimientos científicos, y el hecho de que tuviese que ser él quien acallase a Galileo en el juicio de 1633 fue una desgracia no sólo para la Iglesia sino también para él.

1

Galileo Galilei
y Maffeo Barberini

Galileo Galilei nació en Pisa en 1564, hijo de un músico profesional que posteriormente encontró trabajo en Florencia. Según Vincenzo Viviani, su primer biógrafo, le gustaba dibujar y su primera intención fue convertirse en pintor. Su padre lo encaminó hacia la medicina, pero al cabo de unos pocos meses en la universidad de Pisa, el joven Galileo plantó los estudios médicos y se matriculó en la facultad de matemáticas. El campo de las ciencias exactas englobaba a la sazón todo un batiburrillo de materias relacionadas con los números y las magnitudes, como la óptica o la fortificación, pero para Galileo las matemáticas significaban Euclides. La preferencia resultó profética. La geometría euclidiana, más que ninguna otra disciplina, enseña a pensar; a pensar lógica y deductivamente: es la esencia y sostén del pensamiento. Al mismo tiempo, a falta de álgebra, con la que el joven pisano no estaba familiarizado, la geometría euclidiana constituía la herramienta más práctica con la que captar y concebir relaciones espaciales. Galileo no tardó en demostrar sus dotes como geómetra, aptitud que le valió la cátedra de matemáticas, primero en Pisa, de 1589 a 1592, y luego en Padua, de 1592 a 1610. Y fue la geometría lo que empezó a aplicar, tan hábilmente como el que más, a asuntos tales como la velocidad de los cuerpos en caída libre o la de los cuerpos rodantes.

Mientras enseñaba en Pisa, Galileo empezó a estudiar a Arquímedes, muchos de cuyos escritos existentes se habían vuelto a publicar en Basilea en 1544. Lo que aprendió del maestro siracusano fue una forma de conceptualizar el mundo en términos de mecanismos intelectuales o modelos, tales como la palanca y la balanza. Esta forma de pensar casaba bien con su amor por la geometría y con una mentalidad fundamentalmente platónica como la suya. Galileo veía el mundo en términos de formas euclidianas que no sólo eran universalmente verdaderas sino también cuantificables, en el sentido de que unas extensiones o áreas podían ser mayores o menores que otras. En la biografía de Viviani se describe un experimento en el que Galileo deja caer objetos de diferente peso desde la torre de Pisa para demostrar que su velocidad de caída es la misma, pero la historia, casi con toda probabilidad, es espuria: durante su estancia en Pisa escribió –aunque sin darlo a imprenta– un manuscrito sobre física titulado *De motu* (*Sobre el movimiento*) en el que sostenía algo completamente distinto sobre los cuerpos en caída libre, lo que indica que no había realizado tal experimento. (La cuestión de si durante este periodo llevó a cabo experimentos, y en qué número, sigue siendo objeto de especulación entre los estudiosos.) El científico enseguida se puso a trabajar en lo que llegaría a ser su ley de la caída libre, según la cual todos los cuerpos presentan una aceleración uniforme en el vacío y la distancia recorrida en la caída es proporcional al cuadrado del tiempo transcurrido. Por aquel entonces, sin embargo, no se podía medir la caída toda vez que –aparte de la imposibilidad de crear un vacío– los cuerpos caen demasiado rápido y aún no se había inventado la forma de ralentizarlos mediante contrapesos, de ahí que Galileo idease experimentos mentales geométricos que extrapolaba de los que llevaba a cabo empíricamente con bolas de metal en planos inclinados.

Hoy día cuesta trabajo imaginar las dos condiciones opresivas bajo las que trabajaba el joven pisano. Una era el peso muerto de la dinámica aristotélica, una disciplina que se impartía en todas las universidades italianas de finales del siglo XVI y que carecía de los conceptos de inercia, fuerza y velocidad. Esta especie de ciencia premoderna, que no se basaba en la formulación de hipótesis verificables, atentaba contra la idea que tenía Galileo de cómo se debía adquirir una comprensión válida de la naturaleza. El otro motivo de opresión era la creencia de que el conocimiento humano era una cantidad fija, y no en continua expansión, habida cuenta de que casi todas las verdades de la filosofía natural ya habían quedado establecidas por los sabios de la antigüedad. Según esta idea unánimemente aceptada, lo mejor que podía hacer un investigador prudente a la hora de resolver una cuestión científica era consultar los textos acreditados. En 1589, Galileo ya empezó a arremeter contra la dinámica aristotélica, como haría más adelante en Florencia contra la astronomía del estagirita. Aunque a ojos de sus adversarios sólo buscase novedades ilusorias para llamar la atención y promocionarse, lo cierto es que era un polemista nato e implacable, y de no haberlo sido no habría sobrevivido intelectualmente.

Hasta llevar a cabo los descubrimientos telescópicos que le cambiaron la vida radicalmente, Galileo subsistía con su modesto salario de profesor, pero los gastos de su familia eran una carga pesada. Además de dar clases privadas de matemáticas, diseñaba instrumentos con ayuda de artesanos y luthiers. A los veintidós años, propuso una versión mejorada de la balanza hidrostática o balanza de Arquímedes para pesar metales preciosos en aire y agua con el fin de determinar su gravedad específica. Ya en Padua, y a instancias del senado vaticano, diseñó una bomba accionada por un caballo que, si bien nunca se ha encontrado, lo más probable es que se asemejase a la famosa hélice de Arquímedes, con palas capaces de propulsar el agua hacia arriba. Más adelante, en 1598, inventó un sector, una especie de brújula que se usaba sobre todo en artillería, y cobraba por enseñar a usarla. Unos cinco años después, ideó un termómetro de agua consistente en un matraz del tamaño de un huevo y con el cuello graduado arbitrariamente, que se llenaba de agua; dependiendo del calor aplicado, el agua se elevaba hasta una determinada altura.

El telescopio fue el invento más importante de Galileo, pero sus investigaciones en el campo de la óptica no terminaron con la producción a gran escala de su célebre aparato: además de construir un microscopio, que propició una ilustración entomológica pero ninguna investigación de envergadura, sus papeles contienen una «teoría del espejo esférico cóncavo», con su diagrama de rayos y todo, aunque nunca llegó a construir un telescopio reflectante. Asimismo, diseñó un aparato para que los marineros pudiesen servirse de los satélites de Júpiter para determinar la longitud respecto del meridiano, y mucho después de que la Inquisición le hubiese prohibido manifestarse en materia de astronomía, cuando estaba prácticamente ciego, legó a la humanidad su segundo invento más importante, el reloj de péndulo. Esta invención postrera se basaba en su descubrimiento del isocronismo del péndulo, esto es, en el hecho –verdadero dentro de ciertos límites– de que aunque la amplitud del arco se reduzca con el paso del tiempo, el periodo de cada oscilación se mantiene constante.

Los escritos de Galileo revelan una novedosa capacidad para conjugar la perspicacia matemática con la estética. Conceptualmente brillantes sin necesidad de academicismos, combinan el *esprit de géométrie* y el *esprit de finesse* con una destreza sólo al alcance de un verdadero humanista. Aunque la poesía galileana es de índole «esporádica» y diletante, más afectada y rimbombante de lo que él decía admirar, no cabe duda de que le sirvió para adquirir fluidez como prosista. Con respecto a los grandes literatos italianos, además de considerar a Ariosto el genio sin parangón de los poetas renacentistas, pronunció dos eruditas conferencias sobre el *Inferno* de Dante ante la Academia florentina y escribió un despiadado ensayo crítico sobre la *Jerusalén libertada* de Tasso. Si Galileo, siempre atento a los tropos en cualquiera de sus manifestaciones, mostró tan escasa paciencia con el poeta sorrentino fue, en parte, por la intrusión en su narración épica de la alegoría, un recurso que a su juicio vulneraba la unidad de la obra. «La ficción poética y las fábulas sólo se deberían tomar alegóricamente», escribió, «cuando no quepa apreciar el menor atisbo de esfuerzo en tal interpretación. De lo contrario... es como una pintura en la que la perspectiva está forzada y, al contemplarla desde el punto de vista equivocado, resulta absurda y distorsionada». El efecto óptico al que alude Galileo se denomina anamorfosis, y no deja de ser paradójico que fuese precisamente este tipo de distorsión la que, como veremos más adelante, viniesen a padecer las bóvedas pintadas al fresco, el mismísimo producto artístico que la Iglesia trató cada vez con mayor favoritismo con el fin –entre otros– de contrarrestar la difusión de la cosmovisión galileana. Se cree que el propio Galileo enseñó perspectiva durante una época, y sin duda dominaba completamente los profusos tratados que se acababan de publicar sobre el tema; cabe presumir que fuesen estas dotes cuasi-matemáticas las que en 1613 le valiesen el ingreso en la Academia Florentina de Dibujo, una escuela de pintura con ínfulas asociada a la familia Medici. Los escritos de Galileo están salpicados de opiniones artísticas emitidas con aplomo, y él mismo se relacionaba con un círculo de pintores toscanos, entre ellos el mencionado Cigoli, que por entonces reaccionaban contra los excesos del manierismo, una corriente que tampoco era del gusto del pisano. Da la impresión de que, en el fondo, Galileo tenía una fe casi platónica en la representación gráfica, siempre que se ejecutase con la sencillez y homogeneidad necesarias: sólo así serviría para desbrozar el camino hacia estructuras subyacentes y generales.

Como ya han apuntado otros autores, las reflexiones galileanas sobre poesía, pintura y escultura son deudoras de su concepción del método científico; podría decirse incluso que son una especie de expresión sumamente parcial de la misma. Hasta cierto punto, esta unidad es un reflejo no sólo de su propio temperamento sino también de la cercanía evidente que presentaban las artes y las ciencias a finales del Renacimiento. Resulta de lo más interesante constatar que Galileo no se lo pensaba dos veces a la hora de manifestar su violento desprecio por toda la imaginería compuesta, como por ejemplo la taracea –el embutido de piezas de madera para formar una imagen–, los adornos de plumas aztecas a la sazón habituales en los gabinetes de curiosidades, y toda representación pictórica en la que algunos de los componentes desentonasen del conjunto. No es de extrañar que detestase a Giuseppe Arcimboldo, el pintor de estrafalarias cabezas hechas de hortalizas, libros y retazos. Por lo que respecta a la literatura, ya hemos visto que se oponía con vehemencia a la manía de Tasso de interrumpir el curso de una narración lírica para dar rienda suelta a alguna fantasía ociosa. Lo que Galileo buscaba en el arte era amplitud: una forma estilística capaz de abarcar cabalmente una imagen, figura o historia con una sola visión y gesto generalizadores. Lo mismo cabe decir de su enfoque con respecto a la propia naturaleza. Las explicaciones ocultistas o particularistas de los fenómenos físicos no sirven de nada. Si se descubre que algo es cierto bajo condiciones repetibles, no hay razón para no dar por hecho que cualquier cosa análoga se comportará de la misma forma. Es más, si se puede elegir entre una explicación complicada y una simple de un mismo fenómeno, hay que optar por la segunda: no sólo es más económica, sino que podría ser el germen de un principio general.

He aquí dos premisas subyacentes, tan esenciales que hoy las damos por descontadas, aunque por aquel entonces constituían una estimulante novedad. La primera es que la naturaleza es uniforme y no está sometida a diferentes leyes que varían según la época o el lugar. La segunda, especie de corolario de la anterior, es que bastan unos pocos experimentos bien escogidos para demostrar una ley natural: no hace falta que un científico continúe haciendo pruebas indefinidamente. A veces parece que Galileo se enfrasca en una serie de experimentos repetitivos, pero en realidad lo que está haciendo es perfeccionar un único método investigador. Si se leen los minuciosos análisis y comentarios que de sus experimentos han llevado a cabo los estudiosos contemporáneos, es posible acompañar al pisano en su reformulación de su ley de la caída o de su teoría de la hidrostática. Como señala William R. Shea, un hecho crucial que tuvo lugar durante sus experimentos con cuerpos flotantes fue que Galileo se percató de la necesidad de crear condiciones que pudiesen mantenerse idénticas cuando alterase una variable (un concepto que puede pasar casi desapercibido en su famosa parábola sobre el canto de la cigarra).

Dada esta mentalidad, era inevitable que las investigaciones galileanas terminasen chocando con la concepción aristotélica del universo, si no por otro motivo, por el siguiente: la cosmovisión de Aristóteles no reconocía la uniformidad de la naturaleza toda vez que postulaba una serie de leyes para los cielos y otra para la llamada esfera sublunar, esto es, todo lo terrenal. El sistema peripatético suele describirse como una especie de cebolla, cuyo centro sería la tierra y las sucesivas capas, las tres esferas celestiales de la

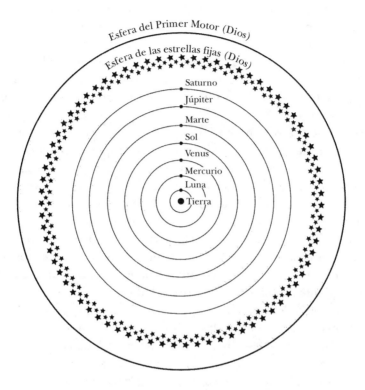

Diagrama simplificado de la cosmovisión aristotélica.

luna, Venus y Mercurio, seguidas de la esfera solar; más allá de la esfera solar estarían las de Marte, Júpiter y Saturno, y todo este conjunto quedaba finalmente englobado por la esfera de los astros fijos. Según esta concepción, las esferas celestiales eran el vehículo perfecto e incorruptible de los astros, su órbita era circular y semejaban una especie de cristal sobrenatural. El movimiento celeste tenía su origen en el amor divino aplicado sobre la esfera exterior, y era circular porque era perfecto; el movimiento terrestre, en cambio, era rectilíneo por naturaleza, ya que en la tierra los cuerpos caen a plomo y el fuego asciende en vertical. A decir verdad, este sistema se fue corrigiendo a lo largo de los siglos con el fin de dar cabida a una serie de observaciones astronómicas que lo contradecían de manera flagrante; más importante fue la reforma de la cosmovisión aristotélica que llevó a cabo Ptolomeo alrededor del año 150 d.C. en la monumental obra conocida como el *Almagesto*. En sus escritos, Galileo tiende a refundir sin distingos ambos sistemas, el aristotélico y el ptolemaico, pero dado que no acepta ninguno de los dos, le interesa mucho menos echar por tierra sus matices y particularidades que defender el esquema copernicano. En la década de 1590, cuando Galileo empezó a adoptarla, la cosmovisión heliocéntrica de Copérnico ya contaba con muchos partidarios entusiastas, pero el pisano no se sintió más obligado a defender sus múltiples e intrincados cálculos matemáticos que a atacar las sutilezas ptolemaicas. Lo que sí le parecía un problema científico de primer orden era el hecho de que en los cielos los cuerpos parecían moverse en círculos, mientras que en la tierra caían en línea recta. Galileo sabía que esta disparidad era pura apariencia, pero ¿cómo podía demostrarlo?

Como ya he señalado, las primeras observaciones telescópicas, realizadas entre 1609 y 1612, convencieron a Galileo de las enormes probabilidades de que la teoría copernicana fuese cierta. En las *Cartas sobre las manchas solares*, de 1613, ya la defiende de forma explícita, aunque fugaz, y también en *El ensayador*, de 1623. Así pues, debemos recordar que existe una relación lógica directa entre las observaciones telescópicas, a las que he dedicado el capítulo central de este libro, y el juicio de 1633. No obstante, Galileo no estaba satisfecho con haber realizado tres o cuatro observaciones clave que parecían demostrar la validez de la concepción heliocéntrica; lo que quería, como mínimo, era esbozar una teoría de la mecánica celeste capaz de rebatir con decisión la vieja dualidad aristotélica y explicar el movimiento planetario, teoría ésta que plasmó en el *Diálogo*. Gracias al telescopio, Galileo advirtió con sus propios ojos que la enorme maquinaria que denominamos sistema solar no funcionaba como la mayoría de la gente había imaginado durante dos milenios, y en sus textos teóricos, con ayuda de las matemáticas, trataría de entender de un modo más preciso cómo funcionaba realmente. Pero no fue esta tentativa, en sí, lo que ofendió al papa ni al Santo Oficio; el pontífice, de hecho, apoyaba la empresa. El pecado de Galileo radicó en su incapacidad, o negativa deliberada, para explicar el cosmos de un modo puramente hipotético, como si su investigación no fuese más que un fascinante ejercicio matemático. Pero el copernicanismo distaba mucho de ser un simple pasatiempo para nuestro científico, por eso lo defendió con fervor, aportando pruebas empíricas sustentadas en una visión geométrica omnímoda.

Hay quienes han afirmado que Galileo, pese a ser un matemático excelente, no tenía interés en potenciar el progreso de las ciencias exactas tal como hicieran Descartes y Fermat. La suposición puede ser verdadera toda vez que para Galileo y sus colegas la capacidad de llevar a cabo una demostración sucinta en el terreno de la geometría euclidiana poseía un acrisolado prestigio, incluso cierto glamour, y es verdad que el astrónomo no fue mucho más allá. Pero tampoco podemos olvidar que, si bien ya hacía unas décadas que el álgebra se usaba en Occidente, Galileo no la conocía, amén de que es muy probable que la cultura matemática de su tiempo no estuviese preparada para un gran salto adelante. Con todo, nuestro científico estuvo muy cerca de hacer algunas aportaciones notables. Entre sus descubrimientos cabe citar un tratamiento de la aceleración de los cuerpos en caída libre, recogido en el *Diálogo sobre los dos principales sistemas del mundo,* que esboza, en prosa y con ayuda de una figura geométrica, el concepto matemático de integración. Otro descubrimiento fue una discusión incluida en los *Diálogos acerca de dos nuevas ciencias* –el gran tratado sobre mecánica que publicó en 1638, después de que la Iglesia le hubiese prohibido hablar de astronomía– sobre una paradoja con la que hoy día han de vérselas muchos estudiantes de aritmética aunque en una forma un tanto diferente. Se trata del hecho aritmético de que existen tantos cuadrados como integrales habida cuenta de que el número total de cuadrados y de integrales es infinito. Ahora bien, dado que los cuadrados son de por sí integrales, podría parecer, en contra de la quinta «noción común» de Euclides, que la parte es igual que el todo, toda vez que poseen la misma cantidad de elementos; o a la inversa, esto es:

que un infinito es mayor que otro. Galileo rehusó investigar esta paradoja y se limitó a sugerir que no tenía sentido aplicar términos como «mayor», «menor» e «igual» a cantidades infinitas y que había que redefinirlos matemáticamente. Dado su interés por el infinito, algunos historiadores le reprochan que no ahondase en el tema, como si hubiese vivido en el siglo xix y hubiese tenido la posibilidad de recurrir a la teoría de conjuntos y alguna noción de cómo se clasifican. Pero resolver problemas matemáticos decimonónicos con herramientas del siglo xvii se antoja una labor complicada.

Mientras residía en Padua como menesteroso profesor de matemáticas, una disciplina que tenía en poca estima, Galileo se encariñó con una joven cortesana llamada Marina Gamba. Entre 1600 y 1606, Marina le dio tres hijos, Virginia, Livia Antonia y Vincenzio, aunque el apellido del científico no aparece en ninguna de las partidas bautismales. (La baja condición social de la joven suscitó el resentimiento de Giulia Galilei, la madre de Galileo, que tras enviudar en 1591 se fue a vivir con éste.) Cuando en 1610 Galileo se trasladó a Florencia se llevó consigo a Virginia y dejó a los otros dos niños al cuidado de Marina, quien tres años después se casó con otro hombre, aunque mantuvo una relación bastante cordial con el padre de sus tres hijos. A falta de dotes, las dos niñas se ordenaron monjas en el convento de San Matteo; las cariñosas cartas que desde allí escribió Virginia a su padre bajo el nombre de sor Maria Celeste se han publicado y traducido. Su súbita muerte como consecuencia de unas fiebres a la temprana edad de treinta y tres años causaría un enorme dolor al científico.

A los problemas financieros de Galileo vinieron a sumarse los de salud, que empezaron a afligirlo recién entrado en la edad madura. El pisano se vio acosado por un sinfín de dolencias, las peores de las cuales parece ser que eran la artritis, las hernias y la visión borrosa, a juzgar por la frecuencia con que se queja de ellas en sus cartas. Con el tiempo se quedaría parcialmente ciego, y después, ciego del todo. Su precaria salud debió de contribuir a su estado de ánimo, que solía ser taciturno. Es de notar que a los cincuenta y cinco años acudió en peregrinación a la Santa Casa de Loreto, la vivienda nazarena de la Virgen María que, según se cuenta, transportaron los ángeles por los aires desde Palestina para que los turcos no la demoliesen. El motivo más habitual por el que se visitaba la Santa Casa era para rogar una curación milagrosa, más o menos como ocurre hoy en Lourdes. La fe religiosa de Galileo nunca estuvo en entredicho.

Es un hecho constatado en el mundillo intelectual que la gente con grandes dotes para las matemáticas tiende, aunque no lo manifieste, a sentirse superior a los demás. Esto no significa necesariamente que sean individuos engreídos ni desdeñosos, pero sí puede darse el caso de que, cuando alguien menos capaz los desafía u obstaculiza, reaccionen bruscamente mostrando exasperación o menosprecio. Galileo, que poseía una de esas mentes privilegiadas en grado sumo, se ha granjeado con frecuencia los calificativos de arrogante, irascible y pendenciero. Hay pruebas de sobra para respaldar este retrato: la lista de sus agarradas en público es bien larga. Hoy el dato podría causar cierta sorpresa: aunque desde el punto de vista biográfico todas estas disputas resultan de interés, apenas tres de ellas siguen despertando nuestra curiosidad intelectual –las que tuvo con Christopher Scheiner, Orazio Grassi y Francesco Ingoli–, y es posible que se nos escape la razón por la que se sentía amenazado o irritado por todos esos rivales de poca monta. Se ha dicho que el astrofísico tenía manía persecutoria; se le ha llegado a tildar de paranoico –un uso sin duda inapropiado del término médico–; y a juzgar por sus cartas, parecía ir por la vida con un sentimiento permanente de agravio. Pero aquí se impone llamar a la prudencia. En aquella época no existía ningún mecanismo fiable de protección de la propiedad intelectual, y algunos individuos sin escrúpulos trataron de robarle ideas a Galileo o de poner en entredicho su autoría. Muchos otros, por pura estupidez o incredulidad, atacaron sus teorías más profundas o, lo que es peor, intentaron que se prohibiesen. Si se hubiese tratado de nociones banales, sería comprensible; pero es que estamos hablando de las ideas sobre las que se sustenta la civilización moderna. Los amigos de Galileo, ninguno de los cuales parece colérico ni paranoico, se muestran a menudo en sus cartas indignados ante la envidia de sus enemigos y le previenen repetidamente de las maquinaciones urdidas en su contra. En ocasiones, la biografía de Galileo cobra tintes propios de novela negra. A partir del edicto anticopernicano que la Inquisición promulgó en 1616, la labor del pisano se vio sometida, de una forma intermitente aunque cada vez más intensa, a una evaluación lastrada de prejuicios. Rara vez se atendía a sus méritos científicos: lo más habitual es que se repudiase de plano. De la misma manera que algunos delincuentes caen en trampas policiales tendidas para incriminarlos, o que algunos hipocondríacos contraen enfermedades muy graves, Galileo es un ejemplo de un fenómeno que dista de ser insólito, a saber: el del individuo con complejo de víctima que de repente sufre el acoso real de las autoridades por ver lo que éstas no logran o no quieren ver.

Por último, hay que tener en cuenta el entorno social que lo rodeaba. Estamos hablando de una época en la que los legados papales saqueaban ciudades enteras, los nobles se sobornaban y chantajeaban unos a otros, los pintores envenenaban a sus rivales, y los cardenales cobraban comisión por el robo de codiciadas obras de arte. La categoría de un hombre depende tanto del rango de sus amigos como del de sus enemigos, y todo el mundo tiene su blanco predilecto de injurias. Saber insultar con estilo y sentido del humor es todo un arte en el que Galileo sobresalía con frecuencia.

El gran adversario de Galileo en el juicio de 1633 fue su antiguo amigo y admirador, Maffeo Barberini, más conocido como el papa Urbano VIII: poeta, humanista, mecenas y valedor de la investigación científica. Pero Barberini, era también un guerrero, un protector de los dominios papales, un defensor acérrimo de los decretos tridentinos en los que se basó la Contrarreforma. Lo vemos en el retrato en mármol que Bernini le esculpió en 1637-38: el rostro estrecho, los ojos hundidos, la nariz y la boca como dos delicados instrumentos sensoriales, como corresponde a un esteta. Tiene la mirada perdida; se diría que está en mitad de una conversación, escuchando a alguien, formulando alguna réplica aguda. Es un semblante atractivo, de rasgos elegantes y gesto inteligente, con una levísima sombra de astucia, pero no especialmente imponente. Una presencia más intelectual que carismática.

El pontificado de Urbano VIII duró desde 1623 hasta su muerte en 1644, un periodo durante el que remodeló partes de Roma a la manera de un papa renacentista. Asimismo, se propuso dejar sentir en Europa el peso militar y político de los estados pontificios, una empresa para la que demostró una pericia sin igual, y si bien a comienzos de la década de 1630 se mostraba beligerante, inflexible y propenso a las decisiones impetuosas, lo cierto es que no siempre se condujo así. Nacido en una insigne familia de príncipes mercaderes florentinos, y tan ingenioso y astuto como vanidoso y desmedido, Barberini inició su andadura eclesiástica como sacerdote erudito, consumado versificador en griego y latín, amante de la naturaleza y seguidor devoto de las innovaciones en materia de arte y arquitectura, así como de los progresos de la investigación cinética en el Collegio Romano, la institución de los jesuitas. Si en las biografías de Galileo figura principalmente como una especie de ogro, verdadera Némesis del astrofísico pisano, sus biógrafos eclesiásticos dedican largos pasajes a otra disputa de lo más tempestuosa.

Cuando su predecesor, Pablo V –Camilo Borghese–, se decantó por el proyecto de reforma de la basílica de San Pedro propuesto por Carlo Maderno, que pretendía alargar la nave a expensas de la fachada de Miguel Ángel, Maffeo Barberini, a la sazón cardenal, se opuso ferozmente a semejante sacrilegio. Jamás una discrepancia en el colegio cardenalicio estuvo tan cerca de resolverse a puñetazos. El airado florentino le espetó a Pablo V a la cara que si eliminaba el diseño de Miguel Ángel, su sucesor en el trono pontificio tiraría abajo la nueva estructura y lo recompondría todo tal como era, a lo que Su Santidad replicó que su reforma se construiría de forma que durase eternamente. El sucesor en el trono pontificio fue Gregorio XV, un anciano enfermo que apenas duró unos pocos años; a continuación vino el propio Barberini, quien si bien nunca consiguió sustituir la fachada de Maderno, bastante insulsa, por la original de Miguel Ángel, mucho más vigorosa, sí dio sobradas muestras en los albores de su carrera eclesiástica de su afán por convertir a la Iglesia en patrocinadora de lo más granado de las artes y ciencias.

Maffeo Barberini escribió varios libros de poemas tanto en italiano como en latín que, tomados en conjunto, sumaron más de

«Miguel Ángel presenta su modelo de San Pedro al papa Julio II»,
de Domenico Cresti da Passignano.

Se atribuye a Passignano, un amigo de Cigoli, los primeros avistamientos telescópicos de las manchas solares, descubrimiento que Cigoli comunicó a Galileo. Este cuadro es una crítica implícita al papado por no llevar a la práctica el diseño de Miguel
Ángel, una decisión de Pablo V que también enfureció a Urbano VIII. Se cuenta que
Urbano también discrepó del decreto que promulgó Pablo contra la enseñanza del
copernicanismo, aunque más tarde perseguiría a Galileo por infringirlo.

veinte reediciones durante su pontificado. (Bernini ilustró una edición de 1631.) Sus versos, como buena parte de la poesía por entonces al uso, evocan las mudanzas de la naturaleza, el paso del tiempo, las vidas de los santos y los vislumbres de la mortalidad, pero también refleja un sentido barroco de la ilusión teatral tan intenso que se convierte en metáfora de la vanidad universal. Todos somos sucedáneos de nuestro verdadero ser, parece insinuar el lírico pontífice; fundirnos con nuestros trasuntos mortales sería una intolerable muestra de orgullo. Barberini abrigaba emociones encontradas con respecto a la creatividad, la suya inclusive, como si su admiración por los logros humanos estuviese adulterada por un sentimiento casi tóxico de futilidad: tras esa máscara de ambición granítica latía cierta tristeza desamparada. Uno de sus proyectos favoritos era su propio sepulcro, de cuya construcción, en mármoles multicolores, se ocupó sin ninguna prisa Bernini durante los años que el artista pasó trabajando en la basílica de San Pedro.

En general se considera a Urbano VIII uno de los pontífices que con mayor descaro practicó el nepotismo. No bien salió elegido para el cargo empezó a instalar a su parentela en posiciones de poder. En menos de un mes y medio, su sobrino Francesco, un inteligente joven de veintiséis años que posteriormente entablaría amistad con Galileo, se convirtió en cardenal. La condición de «sobrino del papa» era un título formal y universalmente respetado; durante siglos, todo papa había tenido un «sobrino», a veces no biológico, que prácticamente hacía las veces de secretario de estado. Pero en lo tocante al carácter Francesco y Barberini eran polos opuestos. El joven cardenal tenía su residencia en el Vaticano y se hacía cargo de muchas de las obligaciones diplomáticas de su tío, pero llevaba a cabo su labor con una circunspección poco habitual, como quien se resigna a un día de perros. El hermano del papa, Antonio, y un sobrino de apenas diecinueve años, Taddeo, no tardaron en seguir los pasos de Francesco e ingresar en la curia.

Urbano VIII también aprovechó su posición para lucrarse. Los cargos eclesiásticos que no se concedían a miembros de la familia se vendían al mejor postor; la distinción entre los fondos personales del pontífice y el erario vaticano se hizo cada vez más ficticia, y los Barberinis aprovecharon su influencia para adquirir los palacios y fincas rústicas de varias familias ilustres de Roma que pasaban estrecheces. Ahora bien, como en el caso de Galileo, es necesario analizar ese comportamiento dentro de su contexto. Según la ética dominante en la Italia de comienzos de la edad moderna –y en buena parte de la Italia meridional del presente–, los lazos familiares se imponían a las consideraciones morales habituales. Nadie podía ascender a una posición de poder sin contraer algún tipo de deuda con una serie de miembros de su clan, cuya amortización se convertía posteriormente en una obligación primordial. Los Barberinis no eran los únicos que actuaban así ni mucho menos; de no haberse mostrado implacables, como los Orsinis, los Borgheses, los Colonnas, y todas las demás grandes familias de la época, habrían corrido la misma suerte que los Gonzagas de Mantua, que bajaron la guardia y en cuestión de pocos años vieron saqueada su ciudad y expoliado su palacio. En el techo de una de las estancias del duque de Gonzaga había un laberinto dorado con la frase *Forse che sí, forse che no* escrita repetidas veces en todas las direcciones. El lema –«puede que sí, puede que no»– venía a ser una especie de *memento mori*, y como Maffeo Barberini sabía, la única forma de asegurarse un destino benévolo en ese mundo de intrigas y asechanzas era rodeándose de la propia sangre y amasando un nutrido fondo para emergencias. El pontífice, que no era de los que corrían riesgos, se preocupó de fortificar Roma y todo el principado papal. Así y todo, incluso para lo que se estilaba entonces, los Barberinis tenían fama de avariciosos en exceso. Como rezaba una célebre pasquinada de la época, «lo que no se llevaron los bárbaros, lo robaron los Barberinis».

El mecenazgo artístico y arquitectónico de Urbano VIII cumplía múltiples funciones. Satisfacía su exquisito gusto, glorificaba tanto a él como a su dinastía, y mantenía el prestigio y la grandeza de Roma a ojos de los emisarios extranjeros, prelados católicos, y peregrinos, que traían dinero. Primero como obispo y luego como cardenal, Barberini adquirió obras espléndidas de Rafael, Andrea del Sarto, Caravaggio y muchos otros. Ya en el trono vaticano, acometió la decoración del interior de la basílica de San Pedro, la construcción de una capilla familiar en Sant'Andrea della Valle, y la reconstrucción de la iglesia de Santa Bibiana, una empresa de poca monta de no ser porque se le había encomendado a Bernini.

Gian Lorenzo Bernini (1598-1680), reconocido como un genio desde la infancia, fue el artista que en gran medida definió el estilo que hoy conocemos como barroco. Barberini llevaba años anhelando hacerse con sus servicios. Si en un primer momento había carecido de los medios para materializar semejante capricho, cuando se convirtió en pontífice monopolizó virtualmente al artista y se convirtió en el mayor mecenas de la escultura jamás conocido en Roma. Menos de un año después de su elección como papa, Urbano VIII colocó a Bernini al frente de todo su programa artístico, lo que permitió al escultor-arquitecto, que aún no había cumplido treinta años, empezar a reconfigurar el impacto visual de la urbe eterna. Bernini, además, se convirtió en amigo íntimo del papa, más próximo a él que cualquier consejero o miembro del clan Barberini. Se cuenta, y no hay motivo para dudar de la anécdota, que cuando Bernini estaba esculpiendo su *David*, para cuyo rostro se tomó a sí mismo como modelo, Su Santidad le sujetaba el espejo, un acto de sublime –cuando no casi servil– admiración. Por las noches, Barberini solía recibir al joven artista en sus aposentos del Vaticano y los dos amigos hablaban de sus respectivas visiones de Roma hasta que el pontífice se sumía en el sueño. Entonces Bernini cerraba con cuidado las ventanas, echaba las cortinas y se marchaba.

Debemos estudiar detenidamente a Bernini porque sus primeras obras son la encarnación concreta de la sensibilidad personal de Urbano VIII. Ahora bien, al examinar esa relación, nos topamos con una paradoja desconcertante, a saber: que Barberini probablemente habría estado encantado de auspiciar no sólo a Bernini sino también a Galileo. Naturalmente, era algo imposible –el pisano estaba vinculado, a un alto precio, a la corte de Toscana–, pero el papa estaba extraordinariamente bien dispuesto hacia el científico y seguía atentamente su labor. Ya en 1611, Barberini, a la sazón cardenal, manifestó su apoyo a Galileo durante un debate científico sobre la naturaleza de la flotación celebrado en el palacio Pitti de Florencia. En mayo del año siguiente, tras recibir el tratado de Galileo sobre el tema, le escribió una carta en la que ensalzaba su «excepcional intelecto» y daba a entender que las mentes de ambos vibraban en sintonía. En 1620, Barberini dedicó un poema laudatorio a su admirado científico –en el que mencionaba inevitablemente la luna–, y en 1624, recién elegido papa, además de conceder a su hijo Vincenzio una renta anual de sesenta coronas, lo instó a escribir el tratado definitivo sobre el copernicanismo, la obra que a la postre se convertiría en el *Diálogo*. Más adelante veremos exactamente cómo el pontífice terminó persiguiendo a Galileo por escribir el libro que él mismo le había propuesto, pero el pisano no fue ni mucho menos el único pensador aventurero al que Barberini, un hijo tardío del Renacimiento, alentó y patrocinó. En 1626, el papa rescató a Tomás Campanella de las mazmorras de la Inquisición y le abrió las puertas de su círculo intelectual: Campanella, uno de los filósofos más audaces de la época, había defendido a Galileo y postulaba la existencia de una infinidad de mundos.

No estoy insinuando que Bernini y Galileo fuesen, en cierto sentido, homólogos conceptuales, sino que Galileo atraía a Barberini de una forma muy parecida a como lo hacía Bernini, aunque fuese desde una distancia tan incitante como insalvable. Durante el Barroco, los artistas y científicos no parecían tan diferentes entre sí como en la actualidad. Galileo no sólo era un músico de talento, un excelente prosista en sus mejores momentos, poeta y crítico literario ocasional, y amigo de algunos artistas brillantes, sino que también perseguía una cierta elegancia en sus demostraciones geométricas y en su labor pedagógica, cada vez más divulgada. Bernini, por su parte, unía a sus aptitudes artísticas los conocimientos de ingeniería, y sus obras tenían un cierto componente filosófico. En la visión barroca de la experiencia creadora, representar espacios e idear formas significaba adquirir un conocimiento mayor sobre la estática y la dinámica, sobre la luz y las sombras, sobre la ciencia de la perspectiva: significaba alargar el brazo y agarrar el espacio. De la misma manera que Galileo tomó un sistema fijo del universo y trató de mostrar cómo un observador terrestre giraba efectivamente en su interior, los artistas barrocos como Bernini tomaron la concepción frontal del orden propia del cinquecento y la retorcieron para dar lugar a planos curvos y espirales.

Aunque no resulta fácil sintetizar una visión tan vasta y compleja como la de Bernini, cuando se contempla una escultura como el *San Longino* de la basílica de San Pedro, en la que trabajó por encargo de Urbano VIII antes y después de los años del juicio de Galileo (1629-1638), o las ropas de los ángeles del puente de Sant'Angelo sobre el Tíber, que datan de algunas décadas después pero representan una ampliación de la misma idea, se advierte inmediatamente una concepción original de la gravedad, y la gravedad, huelga decirlo, era uno de los principales asuntos de interés de Galileo. En los cuadros y esculturas del alto Renacimiento, que Bernini deseaba no subvertir sino desarrollar por medios novedosos, el efecto de la gravedad sobre los tejidos se representa por lo general con sencillez y decoro. Por ejemplo, en los llamados *Cartones* de Rafael, las enormes pinturas que el genial pintor de Urbino ejecutó en 1515-16 con ayuda de sus ayudantes para que sirviesen de modelos a los tapices de la Capilla Sixtina, los ropajes de los personajes bíblicos parecen, en general, estar hechos de lana normal y corriente, y cuelgan en pliegues amplios, sin muchos fruncidos ni efectos tubulares complicados. Curiosamente, si se considera desde el punto de vista astronómico, la caída de todas estas vestiduras apunta, de un modo u otro, hacia el centro de la tierra: están sometidas a la acción de la gravedad, que, al fin y al cabo, es uno de los gajes de nuestra condición mortal (los hombres, a diferencia de los ángeles, no podemos volar). Pero están sometidas a la gravedad de una forma particularmente elegante.

Con las ropas de Bernini ocurre algo diferente. Aunque su *San Longino* está inmóvil y su túnica no flamea al viento, la figura parece sacudida por una energía tremenda. El ropaje –enredado, agitado y ondulante– no acentúa el gesto del santo, sino que constituye una especie de suceso independiente, o un momento congelado dentro de ese suceso, pues lo cierto es que ningún tejido tiene semejante caída: se trata de un efecto antigravitatorio. Bernini considera la gracia, en su acepción de don divino y libre, un medio inmune a la gravedad que permite una forma de existencia ajena a la nuestra –muchas de las figuras berninianas parecen a punto de despegar del suelo y elevarse como globos de helio–, y a veces, cuando se contemplan algunas de sus bóvedas, se ven querubines y amorcillos levitando juguetones sobre las cornisas. De alguna forma, esta gracia es el «súper-oxígeno» de la Contrarreforma, el medio en el que las procesiones, el teatro y los milagros pueden respirar. Y la arquitectura de Bernini y de sus colegas no hace sino ampliarlo y desarrollarlo.

El estilo barroco lleva a cabo numerosas innovaciones, pero una de ellas es tomar el vocabulario arquitectónico clásico, más bien estático, someterlo a curvaturas y rotarlo a capricho al menos treinta grados en el plano y en la vertical. Si bien no existe una correspondencia estricta entre Bernini y Galileo, pues trabajaron en ámbitos muy diferentes, sí que tienen en común una cierta disposición de ánimo y una concepción dinámica del espacio. El artista y el científico se muestran igual de dispuestos a contemplar lo que a primera vista podrían parecer soluciones inviables, y comparten la fascinación por el factor tiempo –por la combinación de dirección y velocidad–, un agudo interés por la curvatura y los planos curvos, y una percepción constante de la relatividad de la experiencia. El estilo barroco trata de poner en movimiento los valores plásticos del alto Renacimiento, de capturar la apariencia de un mundo en constante cambio. Las escenas rotan implícitamente para desplazar a los espectadores del centro, de manera que puedan observar la acción desde diversos ángulos. Los elementos arquitectónicos resultan interesantes o agradables a la vista mucho menos por sí solos que como partes de un todo percibido por un observador ambulante. El sentido de la realidad se hace depender del punto de vista y la iluminación. Por ejemplo, si en un cuadro una sombra provoca la ilusión óptica de que los miembros de dos figuras se funden, el artista barroco no aportará un contorno para establecer sus identidades independientes. Aunque el de Bernini sea un arte expresivo, no científico ni desde luego, en modo alguno, copernicano, sí se asemeja al modelo heliocéntrico por su énfasis en el relativismo y en el punto de vista del observador en contraposición a una contemplación estática de las formas.

El baldaquino de Bernini, un dosel ornamental instalado en la basílica de San Pedro que resulta diferente desde cada ángulo, o su Escala Regia, una larga escalinata construida en el palacio del Vaticano cuya anchura varía constantemente engañando al ojo, por no hablar de sus plateas ficticias y sus públicos imaginarios, basan todos ellos su impacto en el movimiento del espectador que los contempla. Bernini no inventó el estilo barroco, pero su obra amplió los límites de esa Roma «óptica» que había comenzado bajo el pontificado de Sixto V con el Campidoglio de Miguel Ángel, y que continuó radicalmente durante la década de 1590. La vieja Roma había sido un batiburrillo de estructuras evocativas entre las que el peregrino se afanaba por encontrar un eje de simetría que le sirviese de orientación; al final, siempre tenía que preguntarle el camino a algún lugareño. La nueva Roma óptica ofrecía puntos de referencia: predominaban las avenidas rectas con un obelisco erigido en el punto focal, justo en el eje de simetría de una fachada importante, como la de una iglesia. El canal visual de la avenida funcionaba, pues, de manera análoga a un telescopio o mirilla de fusil (aunque sin el componente del aumento[*]). Cuando se entraba en la iglesia, se contemplaba la bóveda como si fuese un planetario espiritual, un modelo del cielo –la mitad superior de lo que los astrónomos llamaban la «esfera celeste»–, con una linterna de cristal en el cenit, a modo de foco. (En algunos casos, como en Sant'Andrea della Valle, la superficie interna de la bóveda estaba decorada, de hecho, con una imagen de los cielos.)

Ésta era la Roma que Maffeo Barberini luchó con todas sus fuerzas por renovar y expandir. Era inevitable que le fascinasen tanto Bernini como Galileo toda vez que estaba cautivado por la concepción barroca del espacio, por la capacidad de sus contemporáneos de recrear, ya fuese en piedra o en teoría matemática, la apariencia de un mundo que no era estático sino que cambiaba sin cesar,

---

[*] Anticipándose a la invención del telescopio, el Campidoglio de Miguel Ángel, iniciado en 1538, también estaba diseñado de forma que pareciese mayor a ojos del espectador que se acercaba, un efecto logrado con perspectivas escenográficas. Su construcción sufrió retrasos y no concluiría hasta después de muerto Galileo.

como el que habitamos los humanos. Era lógico que el papa que apoyaba a Bernini alentase también a Galileo, como lógica habría de ser también su decepción al ver que el científico rebasaba –pues así lo entendió Barberini– las directrices de la Iglesia, nítidamente trazadas, que regulaban la formulación de hipótesis científicas. Por desgracia, más que decepcionado, el papa se sintió indignado, y su indignación causó un daño tal que la Iglesia, a día de hoy, aún no lo ha reparado del todo.

El proceso de Galileo se ha interpretado en múltiples ocasiones y desde diversos puntos de vista ideológicos. Se trata sin lugar a dudas del primer acto de la dramática historia del conflicto entre ciencia y religión, más importante que la controversia de la década de 1860 a propósito de la teoría de la evolución, en la que Darwin nunca hubo de enfrentarse formalmente a la Iglesia anglicana, y desde luego más trascendente que el juicio a Scopes de 1925, que resultó hasta jocoso. En la época de Galileo y Urbano VIII, Roma era la capital de una potencia teocrática soberana, los Estados Pontificios, que en 1600 había condenado a Giordano Bruno a la hoguera por negarse a abjurar de su filosofía heterodoxa, y que se reservaron el derecho a torturar a Galileo –y en última instancia ejecutarlo– en caso de que diese la impresión de estar ocultando pruebas. El juicio también constituye un momento crucial en la evolución de la libertad de pensamiento, puesto que el insigne físico no sólo desobedeció la orden de interrumpir sus investigaciones sino que publicó el resultado de las mismas. Por si lo anterior no fuese suficiente, aún había más cosas en juego, dado que lo que alarmaba a los acusadores de Galileo no era sólo lo que éste decía sino cómo lo decía, es decir, su reinvención de ciertos elementos del método científico que Occidente –aunque no el mundo islámico– había obviado desde la antigüedad. El examen eclesiástico de los escritos galileanos reveló que su autor parecía conceder prioridad lógica a la observación empírica por encima de las Escrituras, lo cual contravenía la doctrina católica.

Lo cierto es que Galileo había estado corriendo un grave riesgo desde 1616. ¿Era consciente de ello? Tal vez no; o tal vez es que no le importase gran cosa, hasta el día en que los hombres de las vestiduras negras empezaron a amenazar su libertad. Por aquel entonces no se barruntaba aún el futuro conflicto entre ciencia y religión, un hecho que hoy nos sigue desconcertando por motivos que no se han explorado cabalmente, aunque es evidente que los líderes de la Contrarreforma católica establecieron –craso error– una analogía entre la revolución científica y el ascenso del protestantismo. Suele olvidarse con facilidad hasta qué punto entraron también en juego las rivalidades dinásticas y las emociones personales. Los historiadores de la ciencia, por lo general, han analizado el litigio entre Galileo y la Iglesia como si se tratase, parafraseando la célebre opinión de Leonardo da Vinci sobre la pintura, de una *cosa mentale*. Pero el proceso no fue una cuestión mental, como un coloquio científico moderno, sino una serie de interrogatorios aterradores ante un tribunal de la Inquisición en los que ambas partes se forjaron una idea gravemente equivocada del adversario. Los cardenales romanos respetaban a Galileo, pero tenían sus propias preocupaciones, exacerbadas por la propagación de la herejía, por las rivalidades dinásticas y geopolíticas y por embrollos en el interior de la curia; del otro lado, el peculiar estilo dialéctico del físico no favorecía precisamente su causa.

Desde el punto de vista del derecho moderno, el juicio de Galileo guarda escasa semejanza jurídica con lo que hoy se entiende por dicho término. Fue mucho más parecido a esas audiencias celebradas por organismos gubernamentales, empresariales o religiosos donde no es necesario observar reglas estrictas a la hora de prestar declaración, ni están protegidos los derechos del acusado, pero que así y todo podrían costarle la caída en desgracia profesional. Aunque la bibliografía sobre este «juicio» es enorme, casi nada de lo publicado se ocupa de las irregularidades y defectos de forma del proceso, salvo tal vez para señalar sus desvíos respecto del derecho canónico. Por regla general, todos estos libros examinan el conflicto entre las ideas de Galileo y las de la Iglesia, lo cual es comprensible habida cuenta de que no existe en nuestra época un antagonismo más abrasivo que el que mantienen ciencia y religión; desde el punto de vista intelectual, ahí reside –o debería residir– el interés.

Lo cierto, sin embargo, es que la Iglesia apenas se opuso a la labor científica de Galileo, sino que se limitó a prohibirle que la ejerciese sin mesura, de modo que el supuesto «debate» entre el sabio pisano y la Iglesia es un mero constructo mental, una dicotomía que se postula para satisfacer nuestro humano afán de simetría. Tampoco quiere esto decir que Galileo y el papa Urbano VIII no se enfrentaran jamás cara a cara, pero en realidad fue la plana mayor de la intelectualidad aristotélica la que rechazó categóricamente las tesis del astrofísico; los argumentos sustantivos de la Iglesia contra su metodología se formularon a posteriori, por si acaso, cuando ya lo había silenciado. No obstante, si bien este diálogo ficticio adolece de cierta ingravidez intelectual, el trance emocional de Galileo adquiere una tensión temática innegable entre septiembre de 1632 y junio de 1633, como resultado del encuentro entre dos modos distintos de razonar, sentir y desear. El científico pensaba de una forma y la Iglesia de otra; ambas partes operaban en planos físicos diferentes, una circunstancia que percibió mejor que nadie el embajador toscano a la Santa Sede, Francesco Niccolini. Lo que tal vez deberíamos preguntarnos, no ahora sino al final de nuestra historia, es si este gran juicio, tan preñado de gravosas consecuencias, no revela ciertas constantes del debate entre ciencia y religión.

2

El telescopio,
o el afán de ver

Hasta 1609, fecha en que Galileo apuntó con su telescopio al cielo, los partidarios del sistema copernicano habían estado en cierto sentido navegando a ciegas. Disponían de un mapa que en lo fundamental era correcto, pero carecían de una imagen del mundo por el que transitaban. Esta situación cambió en un santiamén gracias al telescopio: ahora Galileo y sus colegas eran capaces de ver y constatar que iban por buen camino. Muchos otros, en cambio, no podían ver... o no querían. En una carta dirigida a Galileo el 28 de marzo de 1661, Johannes Kepler dedica unas palabras en latín, la lingua franca de entonces, a este tipo de sabio obsoleto, que según el alemán se hallaba estancado en un «*mundo chartaceo*», un mundo de papel, «*negatque solem lucere*», y negaba la mismísima luz del sol, cual si estuviese «*caecus*». Sólo que no ciego por accidente sino por propia e insensata voluntad.

Stillman Drake sostiene que en 1595, año de la publicación de *De motu*, un tratado de mecánica que Galileo escribió cuando aún estaba en la universidad de Pisa, el pisano ya había sacado la conclusión de que, como constructo geométrico, la hipótesis copernicana estaba más cerca de explicar el movimiento de los cuerpos celestes que el sistema ptolemaico o geocéntrico, y tal vez no le falte razón. Lo que es cierto, desde luego, es que en una misiva de 1597 dirigida a Jacopo Mazzoni, un amigo y ex colega de Pisa, Galileo expone una demostración relativa a la visibilidad de la esfera estelar en la que da por hecho, con total normalidad, el movimiento de la Tierra. Es indudable que el desarrollo de su concepción de la mecánica chocaba con la cosmología geocéntrica, que a su modo de ver dependía de la desfasada concepción aristotélica de la gravedad, la fuerza y el movimiento.

En esta época, la astronomía consistía en una exploración de supuestos matemáticos, en parte por complejos motivos metafísicos y en parte porque la humanidad poseía un conocimiento empírico muy pobre del universo. Una larga serie de observadores que se remontaba como mínimo hasta el alejandrino Hiparco había llevado a cabo sagaces cálculos y predicciones, pero ninguno había tenido la posibilidad de escudriñar los cuerpos celestes. Esta manera de razonar sobre el universo *ex suppositione*, a base de suposiciones, que hoy nos resulta alucinante, se apoya en cierta concepción premoderna según la cual una hipótesis no es el germen de una teoría que probablemente se confirme empíricamente, o ya se haya confirmado, sino una especie de pauta lógica. Casi toda labor astronómica anterior a la invención del telescopio pertenece a esta categoría. Se recababan datos y en función de ellos se conformaba un sistema matemático que más o menos casaba con los hechos observados (que «salvaba las apariencias», como decían los propios astrónomos). Aunque estos modelos planetarios observaban, como era de rigor, las restricciones de la física aristotélica, no podían ir más allá y verificarse de forma empírica.

En 1597 Galileo escribió a Kepler que, basándose en la física matemática, ya había dado por buena tanto la rotación de la tierra como su traslación alrededor del sol, aunque no las tenía todas consigo y se resistía a publicar nada sobre el tema. Pero la aparición en otoño de 1604 de una nova, una estrella explosiva y variable cuya luminosidad aumentó varios órdenes de magnitud en cuestión de pocas horas, lo indujo a pronunciar tres conferencias en la universidad de Padua, y ante las más de mil personas que asistieron a cada una de ellas, señaló la ausencia de paralaje de la nova, esto es, su aparente inmovilidad con respecto a otros cuerpos celestes. Galileo la situó correctamente entre las estrellas, justo allí donde, según la doctrina aristotélica, jamás se producía cambio alguno. Aunque no estaba abrazando de manera expresa el copernicanismo, sí estaba atacando sin ambages la teoría opuesta, y dejó que su auditorio sacase sus propias conclusiones.

Hasta entonces el copernicanismo de Galileo no había pasado de hipótesis matemática. Lo que lo transformó en algo semejante a una teoría científica moderna fueron las mejoras radicales que introdujo en un artilugio que acababa de inventarse en el norte de Europa. Se trataba de un tubo dotado en cada extremo de una lente bastante precaria que Galileo transformó, poco menos que de golpe, en un instrumento de precisión. A la hora de reflexionar sobre tan extraordinaria invención, habrá quién se pregunte qué necesitaba en 1609 un individuo para lograr tamaña proeza, y la respuesta es bastante sencilla: necesitaba saber, o averiguar, algo de óptica geométrica, disponer de un torno muy bien calibrado, y tener acceso a vidrio de gran calidad y abrasivos para pulir las lentes.

La óptica geométrica es la ciencia que estudia el comportamiento de la luz en un sistema óptico, como por ejemplo un telescopio, donde su frecuencia de onda puede considerarse insignificante en comparación con las dimensiones de las lentes o de otros componentes. Hoy día los niños aprenden en el colegio que la luz es un fenómeno ondulatorio que se mueve a una velocidad de 3×10^{10} metros por segundo en el vacío, y que cuando la luz penetra en un medio como el cristal, su velocidad depende de la densidad del mismo y de la frecuencia de onda, o color, de la propia luz. En ese caso también se refracta, esto es, cambia de dirección, porque cuando un rayo de luz pasa de un medio menos denso a uno más denso, se curva hacia lo que se conoce como «la normal», el plano del medio con el que se encuentra. La luz penetra en el medio formando un ángulo con la normal de la superficie, el llamado ángulo de incidencia, y da lugar al nuevo ángulo del rayo dentro del cristal, llamado ángulo de refracción. La ley de refracción de Snell es una sencilla fórmula trigonométrica que se utiliza para calcular el índice de refracción de un cristal óptico, esto es, cómo varían de dirección los rayos de luz al atravesar una lente y cómo toda lente crea, en consecuencia, una determinada imagen. Pero esta fórmula no fue descubierta hasta 1621, por Snell –Willebrord Snellius–, que no la publicó, y de nuevo, de manera independiente, por Descartes, que la dio a conocer en 1637, mucho después de que Galileo hubiese construido su telescopio. Así pues, aunque el astrofísico supiese algo de refracción, un fenómeno que se había estudiado desde la antigüedad, no estaba en condiciones de identificar con exactitud las propiedades ópticas de las lentes que estaba empezando a fabricar.

El cristal se fabrica licuando sílice y otros ingredientes, y luego enfriándolos. El cristal de Venecia se hacía con piedras de cuarzo compuestas en su mayor parte de sílice que se molían hasta convertirlas en arena y a continuación se mezclaban con sosa importada del Levante. Es probable que el cristal óptico se descubriese por accidente –tal vez porque el efecto se apreció en las ventanas de ojo de buey o en el fondo de las botellas– en el siglo XIII; alrededor de la década de 1260 los comercios florentinos ya despachaban lentes del estilo de lo que hoy conocemos como gafas de lectura. Pero curiosamente no se fabricó ningún instrumento óptico, ningún microscopio ni telescopio, para poder ver más de cerca la naturaleza. Hace unos ochenta años, un historiador italiano de la óptica llamado Vasco Ronchi aventuró una explicación para esta laguna. En su opinión, la lente óptica fue víctima de una conspiración de silencio orquestada para neutralizar su potencial investigador. La teoría de la visión predominante en la Edad Media, derivada de una idea de los antiguos griegos, sostenía que los ojos emitían una especie de películas invisibles, llamadas «especies», que recogían datos ópticos, de forma que cualquier objeto que obstaculizase el movimiento de estas especies visuales, como espejos, prismas o lentes, deformaba y corrompía las imágenes que transportaban. La vista se antojaba un sentido poco fiable, pues hacía que las cosas pareciesen más pequeñas y más grises a medida que se alejaban hacia el horizonte, de tal forma que alterar aún más la vista con lentes, todas las cuales exhibían propiedades deformantes intrínsecas, no habría mejorado mucho la situación. La tesis de Ronchi, que apenas si cuenta con alguna documentación en que apoyarse, la rechazó enérgicamente en 1972 el estadounidense David C. Lindberg, un historiador de la óptica muy versado en el tema, que delimitó el alcance y valía de los logros medievales en este terreno. Cabe afirmar que no existía prejuicio alguno contra los aparatos lenticulares como herramientas de investigación; simplemente a nadie se le ocurrió fabricarlos. Otra posibilidad es que algunos artesanos hubiesen intentado inventar un catalejo, no lo consiguiesen, y al ser analfabetos no hubiesen dejado constancia escrita de la tentativa. Sea como fuere, no sabemos cómo se inventó el primero.

Un efecto telescópico rudimentario es el que se logra cuando dos lentes de longitud focal adecuada se alinean en el eje óptico que hay entre el objeto observado y la retina del observador, que percibe una imagen nítida y aumentada. Dado que los primeros individuos que improvisaron telescopios probablemente lo hicieran como diversión, desarmando gafas y alineando lentes, uno se pregunta con qué fines correctivos se usaban las lentes originales y cómo eran. Casi todos los que adquirían gafas, como ocurre ahora, eran probablemente individuos de más de cuarenta años que leían de forma constante: clérigos, escribas, estudiosos, abogados. En la inmensa mayoría de los casos, el objetivo sería compensar la hipermetropía –la paulatina incapacidad del ojo de ver con nitidez los objetos cercanos– y, sólo más adelante, la miopía, que es menos común. Las primeras lentes, del tipo que fuesen, tenían curvatura esférica –es decir, que el trozo de cristal era un sector de una esfera– y una distancia focal –esto es, la distancia a la que un objeto contemplado aparece enfocado en la lente– de entre treinta y cincuenta centímetros. (Según la graduación de las gafas de leer actuales, eso equivaldría aproximadamente a entre dos y tres dioptrías; una dioptría es la potencia de refracción de una lente expresada en metros a la inversa: así, una lente con una distancia focal de veinte centímetros tiene una potencia de refracción de $1/0,2$ metros, esto es, cinco dioptrías). Estaban hechas de piezas de vidrio en bruto que se pulían en un torno acoplado a un banco. Las lentes convexas ayudaban a corregir la hipermetropía y las cóncavas la miopía, y cabe presumir que las segundas surgieron después, habida cuenta de que son más difíciles de pulir y de adaptar al cliente, quien podría tener que probar varias hasta dar con la adecuada.

¿Cuándo empezaron a aparecer los primeros catalejos? En un libro de 1578 titulado *Inventos o creaciones*, William Bourne escribe que «para ver una cosa pequeña a gran distancia hace falta la ayuda de dos cristales», una frase desconcertante que podría referirse a un telescopio diseñado por Thomas Digges, un astrónomo isabelino cuyas observaciones de la supernova de 1572 consultó el gran astrónomo danés Tico Brahe. Bourne, sin embargo, señala que el minúsculo campo visual que cubría el artilugio constituía un gran «impedimento» a la hora de usarlo (aunque lo mismo cabría decir del telescopio galileano). El instrumento, si de veras llegó a existir, debió de estar hecho con un cristal muy impuro.

El primer telescopio del que nos consta que funcionaba sin ningún género de dudas fue el que Hans Lipperhey ofreció en septiembre de 1608 al parlamento de las Provincias Unidas, en la Haya. Este fabricante de gafas, natural de Westfalia, se había instalado en la ciudad holandesa de Middelburg y quería una patente, pero en lugar de eso se le pidió que diseñase unos binoculares, cabe presumir que para fines militares, y que en vez de cristal usase cuarzo; al cabo de unos pocos meses, Lipperhey hizo entrega al gobierno holandés de tres binoculares y, aunque se le recompensó generosamente, no obtuvo la ansiada patente. El motivo, como ha descubierto Albert Van Helden, fue muy sencillo. Un documento del gobierno de Zelanda muestra que en el interín había aparecido «un joven» con «un instrumento parecido» y añadía lo siguiente: «creemos que existen otros más y que este arte no puede permanecer en secreto». En efecto, parece ser que en la ciudad de Middelburg se experimentaba mucho con esa clase de instrumentos ópticos; la industria del vidrio local había atraído a varios artesanos italianos que probablemente aportaron conocimientos técnicos oriundos de su tierra natal.

En el verano de 1609, el telescopio holandés ya llevaba circulando, bajo una forma u otra, unos nueve meses. Tanto el rey de Francia como su primer ministro habían adquirido uno, y también el archiduque de Austria, que gobernaba la parte de los Países Bajos sometida al imperio español. En la feria de otoño de Frankfurt de 1608 se había exhibido un ejemplar, y el nuncio papal en Bruselas se había hecho con uno para enviárselo al cardenal Escipión Borghese de

Roma, un prelado sin escrúpulos de gusto exquisito y enorme influencia, de cuyas manos había pasado a las del papa. Ese julio, un astrónomo y matemático inglés llamado Thomas Harriot, que trabajaba en la Syon House, la residencia del conde de Northumbria, consiguió ver las manchas solares y los satélites de Júpiter con ayuda de un telescopio de 6,3 aumentos. Al hacerlo, se anticipó a Galileo en unos cinco meses pero con un aumento –hecho crucial– unas cinco veces menor. Los anteojos llegaron a Milán en mayo, a Roma y Nápoles en julio, y a Venecia y Padua a primeros de agosto.

Posteriormente, al evocar esta mejora espectacular del instrumento, Galileo escribiría:

> Llegó a mis oídos la noticia de que un flamenco había construido un catalejo que permitía distinguir claramente objetos visibles situados a gran distancia del ojo del observador. Se habían divulgado varias referencias de este efecto verdaderamente maravilloso, algunas de las cuales lo daban por cierto y otras no. A los pocos días, un noble parisino, Jacques Badovere, me confirmó por carta el rumor, lo que me movió a volcarme por completo en la tarea de descubrir la forma de inventar un instrumento parecido. Lo logré enseguida, gracias a la ciencia de la refracción. Preparé un tubo de plomo en cuyos extremos coloqué dos cristales, ambos planos por un lado, mientras que por el otro uno era cóncavo y el otro convexo; y al acercar el ojo al cristal cóncavo fui capaz de divisar objetos con un tamaño satisfactorio, pues parecían tres veces más cerca y nueve veces más grandes que cuando los observaba a simple vista. A continuación construí otro, más preciso, que representa ver objetos aumentados más de sesenta veces [es decir, lo que hoy llamaríamos ×8+]. Por último, sin escatimar esfuerzos ni gastos, logré construir un instrumento tan excelso que los objetos divisados con él parecían unas mil veces mayores y unas treinta veces más cerca [esto es, ×30+] que cuando los observaba a simple vista.

Lo cierto es que a primeros de agosto había llegado a la ciudad de Padua, lugar de residencia de Galileo, un holandés con un catalejo que andaba enseñándolo a los posibles compradores. Así pues, antes de que Galileo tuviese oportunidad de mejorar sus primeros telescopios –aunque probablemente disponía de mejor cristal que sus rivales y estaba perfeccionando la esfericidad del ocular–, decidió que tenía que diseñar un instrumento de gran calidad y monopolizar el mercado. Ocho años después, Galileo recordaría este momento decisivo de un modo un poco diferente a la descripción anterior, con una alusión indirecta a la ferocidad de la competencia y una mención a un holandés que operaba en Alemania, aunque no se trataba de su rival en el Véneto. «Llegó la noticia», escribió en su segunda narración del descubrimiento del telescopio, «que un holandés le había regalado al conde Mauricio [de Nassau] un cristal por medio del cual los objetos lejanos se veían igual de bien que si estuviesen muy cerca. Eso era todo. Al oírlo, volví a Padua, mi residencia por aquel entonces, y me puse a cavilar sobre el problema. La primera noche tras mi regreso lo resolví, al día siguiente construí el instrumento y [...] posteriormente me enfrasqué en la construcción de uno mejor, con el que seis días después marché a Venecia». Esta versión, que omite la mención a la carta de Badovere, hace énfasis en lo rápido que Galileo consiguió mejorar el catalejo, y es verdad que se puso manos a la obra con extraordinaria celeridad. No le quedaba más remedio, pues la competencia no se la hacía únicamente el holandés errante sino algunos astrónomos de fuste. En Inglaterra, como ya hemos dicho, Thomas Harriot ya había cartografiado la luna con su precario catalejo, y en el continente cuatro matemáticos, entre ellos el padre Christopher Scheiner, disponían ya de telescopios.

Galileo no perdió el tiempo. «Mi razonamiento», escribió, «fue el siguiente. El aparato tenía que tener o una sola lente o más de una. Una sola no podía ser porque la forma de esa lenta única sería cóncava [...] o convexa [...]. La cóncava disminuye [los objetos], y la convexa, si bien los aumenta, los muestra con muy poca claridad, con lo cual no basta una sola lente para producir el efecto. [...] En consecuencia, me vi obligado a descubrir qué se podría hacer combinando las lentes cóncava y convexa. Y este descubrimiento me brindó lo que buscaba».

La rivalidad con el holandés, que se iba acercando a Venecia, se hacía más encarnizada, y Galileo, el 4 de agosto, escribió a su amigo el sabio Fra Paolo Sarpi suplicándole ayuda. El servicial Sarpi, que tenía gran ascendiente en la Signoria veneciana –el gobierno de la Serenísima República–, pidió que le dejasen examinar el catalejo del holandés y aconsejó a la Signoria que no lo adquiriese. El 21 de agosto, un Galileo sin resuello llegó a Venecia con un instrumento más potente que cualquiera de los que se usaban por entonces –su aumento era más o menos de ×9– y se dispuso a mostrárselo con orgullo a un grupo de senadores y oficiales de marina venecianos desde lo alto del campanario de la plaza de San Marcos. Para deleite de todos ellos, el instrumento les permitió abarcar un radio de unos ochenta kilómetros, llegando a avistar incluso a los feligreses que entraban en la iglesia de San Giacomo, situada en la isla de Murano, famosa por sus cristales. El 24 de agosto de 1609, Galileo dirigió la siguiente misiva al dogo de Venecia, Leonardo Donato:

> Serenísimo Príncipe,
>
> Galileo Galilei, el más humilde siervo de su Serena Majestad, trabajando por las noches con diligencia e infatigable voluntad no sólo para cumplir con sus obligaciones de profesor de matemáticas en la universidad de Padua, sino para ver realizada su esperanza de llevar a cabo algún descubrimiento útil y notable que reportase un beneficio extraordinario a su Serena Majestad, se presenta ahora ante la susodicha con un nuevo ingenio, un catalejo hueco de la más insólita naturaleza por cuanto es capaz de traer objetos visibles tan cerca del ojo y de representarlos con tan grandes tamaño y nitidez, que una cosa situada, pongamos, a nueve kilómetros de distancia, nos parece que está tan sólo a uno: algo de incalculable valor para cualquier empresa marítima o terrestre pues permitiría divisar, a mucha más distancia de lo normal, los mástiles y velas del enemigo.

Al dirigirse a la República Veneciana, que además de ser su patrono era una enorme potencia naval, Galileo se mostraba fiel a una práctica de larga tradición entre los inventores: la de intentar recaudar dinero ofreciendo sus servicios al ejército antes que a nadie. La estrategia le dio resultado: la marina veneciana le compró el telescopio y el senado le dobló el salario en la universidad de Padua y le otorgó la cátedra vitalicia, con lo cual pudo pasar el otoño de 1609 mejorando la potencia del instrumento. La presteza con que Galileo, que ya contaba cuarenta y cinco años, aprovechó esta idea óptica, la rapidez con que perfeccionó el instrumento con sus propias manos, la confianza con que se lo presentó a la República, y la fortaleza con que se enfrentó a sus rivales, son todos ellos factores que lo distinguen, además de como intelectual, como hombre de acción.

Aunque sus detractores empezaron, casi de inmediato, a menospreciar su papel en el desarrollo del telescopio, Galileo se aficionó a replicar que su conocimiento de los prototipos previos, lejos de facilitar su labor inventora, la había dificultado. El inventor original, sostenía, se había tropezado con el artilugio de casualidad; él, en cambio, al enterarse de su existencia, había tenido que idear la forma de convertirlo en algo de utilidad científica. Galileo no reconoce haber tenido contacto con ninguno de los juguetes ópticos a la sazón populares en ciertas ciudades, y quizá no lo hubiese tenido cuando se puso a trabajar en la primera versión de su telescopio; el dato no tiene mayor importancia toda vez que le habría bastado un bosquejo o una descripción verbal para familiarizarse con la idea básica. De lo que no cabe duda es de que en cuestión de semanas su prototipo ya aventajaba considerablemente a todos los demás.

Ahora bien, a pesar de lo que declaró Galileo sobre su conocimiento de la «ciencia de la refracción», parece ser que el único que por entonces sabía lo bastante de óptica geométrica como para elaborar diagramas de rayos satisfactorios era Kepler. La ventaja de Galileo estribaba más bien en su profunda fe en la importancia científica de la visión, del acto de ver. Aunque desde un principio trabajó con dos lentes, vamos a imaginar, a fin de entender mejor la óptica galileana, que el astrofísico empezó examinando una sola lenta acoplada a un tubo. Orientando hacia un objeto cualquiera, pongamos la luna, una lente plano-convexa −esto es, una lente esféricamente convexa por el lado que da al objeto observado y plana por el otro− Galileo podía, en teoría, concentrar la vista en la imagen diminuta e invertida de la luna, suspendida en el espacio y un tanto aumentada, que se formaba en el plano denominado foco principal de la lente. Efectivamente, la lente habría convertido los rayos de luz incidentes en conos cuyos vértices caerían aproximadamente en este plano. Un análisis somero del diagrama de rayos adjunto nos revelará por qué la imagen aparece invertida. (Si la imagen se captura en un pedazo de papel –como hacía la rudimentaria cámara oscura que más adelante inventarían Benedetto Castelli, un discípulo de Galileo, y su amigo el pintor y arquitecto Ludovico Cigoli, con ayuda de Domenico Passignano–, colocando dos lentes de tal forma que el plano focal quede bien a la izquierda del telescopio, es posible conseguir una imagen más estable y un ángulo mayor, a cambio de cierta perdida de luminosidad.)

Sin embargo, sabemos que Galileo trabajaba desde un primer momento con dos lentes. Podemos imaginarlo experimentando con varios pares. Y desde luego es posible, cuando se tiene una selección de lentes de poco aumento, ir probando uno por uno los efectos producidos por todas las combinaciones posibles de una lente cóncava y una convexa con respecto al aumento y la nitidez de la imagen. Se sostienen delante del ojo, una cerca, como una lupa, y la otra detrás, y se va alejando paulatinamente la segunda para ver qué ocurre.

El proceso es tedioso, y no necesariamente tuvo Galileo que llevarlo a cabo, pero sí que debió de verificar los efectos de varias combinaciones de lentes aparte de las «bagatelas» ópticas –el término es del propio Galileo– de las que había oído hablar o que habían caído en sus manos, en parte por curiosidad científica y en parte porque las leyes de la refracción le eran desconocidas. Si el lector hiciese el mismo experimento en su casa, acabaría por descubrir que el efecto telescópico sólo se consigue sosteniendo cerca del ojo una lente de poco aumento, de preferencia cóncava, y se aleja paulatinamente una lenta convexa hasta que las longitudes focales de ambas coinciden en el punto donde ofrecen su máximo aumento y nitidez. Así pues, tras cerciorarse –suponemos– del efecto producido por una sola lente, Galileo empezó a armar catalejos de prueba con dos lentes. El ocular cóncavo convierte los haces convergentes de rayos de luz que salen del objetivo en haces paralelos que la

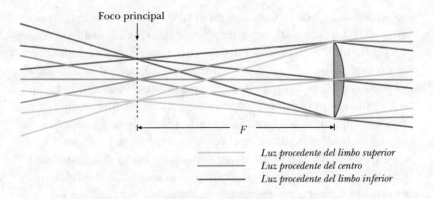

Foco principal

F

Luz *procedente del limbo superior*
Luz *procedente del centro*
Luz *procedente del limbo inferior*

Diagrama de rayos de un telescopio sin ocular.

El foco está en una fuente de luz remota (como la luna) situada a la derecha. El emplazamiento de los vértices de los haces de luz en el plano del foco principal indica que la imagen está invertida.

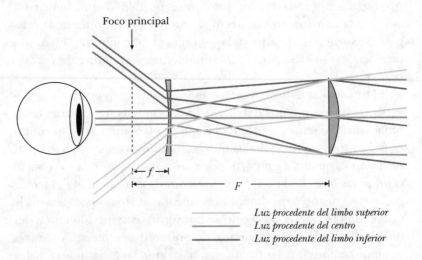

Foco principal

f

F

Luz *procedente del limbo superior*
Luz *procedente del centro*
Luz *procedente del limbo inferior*

Diagrama de rayos de un telescopio con un ocular negativo (cóncavo).

El ocular aumenta la imagen y convierte los haces de luz propagados por el objetivo en haces paralelos que al ojo le resultan más fáciles de procesar. Como se señala en el texto, el ángulo que forman los rayos al entrar en el ocular diverge del que forman al salir, un factor representado por la proporción F/f.

retina humana logra enfocar con mayor comodidad, y además permite el aumento: es imposible que Galileo conociese estos datos, pero los captó al instante de forma empírica. Y también advirtió que los oculares cóncavos reinvertían la imagen, algo muy conveniente. Ahora bien, con las lentes de gafas disponibles por entonces el pisano probablemente lograse un aumento inicial de entre $\times 2$ y $\times 3$ que difícilmente pudo satisfacerlo. ¿Qué podía hacer para mejorar esos valores tan rácanos?

La potencia de aumento de un telescopio es la proporción entre el diámetro angular aparente de un objeto determinado cuando se ve con el instrumento y el diámetro angular aparente cuando se ve a simple vista. Dicho de otro modo, si se mide el ángulo subtendido por el diámetro del objeto –pongamos, la luna– cuando se ve con el telescopio y se compara con el ángulo subtendido por la luna cuando se ve sin ayuda de lente alguna, se puede saber la potencia del telescopio.

Aunque esta operación podía resultar confusa en época de Galileo, hoy día, combinando la ley de Snell con una ecuación llamada la fórmula de las lentes delgadas que permite desdeñar el espesor de la lente en cuestión, resulta fácil determinar la potencia de un telescopio como el inventado por el astrofísico pisano: su potencia de aumento equivale a la proporción entre la distancia focal del objetivo y la del ocular. Dicho de otro modo, si dividimos la primera por la segunda, obtenemos la potencia del telescopio. Al experimentar con la distancia focal de sus objetivos, Galileo enseguida debió de hacerse una idea aproximada de la fórmula $M = f_o/f_e$, donde M es la potencia de aumento, f_o es la distancia focal del objetivo, y f_e es la distancia focal del ocular, pues muy pronto se dedicó, en su propio taller, a pulir lentes de distancias focales cada vez mayores.

Parece ser que habían sido muy pocos los capaces de intuir la relación entre aumento y distancias focales de ambas lentes, ocular y objetivo. ¿Por qué Galileo avanzó tan rápido mientras otros no conseguían progreso alguno?

La mayoría de los rivales del pisano eran pulidores de lentes. Y el aumento es una simple función –proporción inversa– que podría escapársele a un pulidor pero que un matemático adivinaría rápidamente. Con todo, no hay pruebas documentales de que Galileo averiguase la fórmula de la magnificación; es más probable que terminase captando la importancia de la distancia focal a base de tanteo. Al fin y al cabo era mañoso y le interesaban los aparatos de todo tipo. El problema de construir un telescopio, como ya le ocurriera con la bomba helicoidal y el sector para fusiles, lo fascinó de inmediato.

En junio de 1640, a una edad ya muy avanzada, Galileo escribió una carta desde Arcetri a Fortunio Liceti, un catedrático de la universidad de Bolonia, en la que se lamentaba de «haber estado siempre en las tinieblas en relación a la esencia de la luz». En agosto de ese mismo año volvió a escribir a Liceti lo siguiente: «Siempre me he considerado incapaz de entender qué es la luz; tan es así que de buena gana habría aceptado pasar el resto de mis días en prisión a pan y agua si con ello se me garantizase alcanzar ese entendimiento que me resulta tan esquivo». Esta confesión, en la que resuena el timbre inconfundible del verdadero científico, se ha asociado tradicionalmente al breve periodo que Galileo dedicó al estudio de la óptica geométrica, sobre todo teniendo en cuenta que ya había aparecido, en 1604, el decisivo tratado de Kepler sobre la materia, *Ad vitellionem paralipomena*. Pero en realidad parece reflejar el ansia desesperada del astrofísico por desentrañar no la óptica geométrica sino algo más profundo: la naturaleza física de la luz en sí, un motivo de perplejidad a lo largo de toda su carrera.

Galileo trataba el tema del aumento con suma cautela y nunca reveló a sus lectores más que un procedimiento muy simple para verificar la potencia del telescopio que tenían la suerte de poseer. Estas indicaciones, que suenan útiles pero en realidad no servían de mucho, parecen refrendar la opinión de Mario Biagoli de que Galileo temía que alguien pudiera replicar su telescopio y privarlo así del mérito profesional de haberlo inventado. Ya hemos mencionado a sus competidores extranjeros, pero un profesor de matemáticas de la misma Roma, Antonio Santini, fabricó un telescopio y vio los satélites de Júpiter antes de finales de 1610, algo que también lograron los matemáticos jesuitas del Collegio Romano con ayuda de ópticos independientes. La primera intención del desventurado Galileo había sido mantener la manufactura del telescopio en una especie de secreto comercial, y lo expuesto de su posición explica en parte el celo tan suspicaz con que guardaba ese secreto y defendía sus recientes observaciones. A su vez, lo que Biagioli denomina la «nula disposición a colaborar» del astrofísico tal vez explique la ferocidad de las críticas de que fue objeto por parte de rivales y escépticos.

Una de las primeras descripciones de un telescopio galileano es la que figura en una carta escrita por Giovanni Battista Della Porta al marqués –y posteriormente príncipe– Federico Cesi, fundador y principal patrocinador de la Academia de los Linces, una ilustrada sociedad científica romana crítica con los jesuitas que tomaba su nombre de la capacidad del felino epónimo de ver en la oscuridad. Della Porta fue el célebre autor de *Magia naturales,* una recopilación de trucos y juegos técnicos, y *De refractione,* un tratado de óptica que, aunque erróneo, disipó algunas ideas falsas que se tenían por verdaderas. Della Porta le contó a Cesi que había investigado «el secreto del catalejo» y le había parecido una *«coglionaria»,* término vulgar que significaba idiotez; el invento de Galileo, afirmaba Cesi, lo había «robado del libro noveno» de su propio tratado sobre la refracción, una acusación completamente infundada. «Y paso a describirlo», añadía,

> por si Su Excelencia quiere fabricarse uno y divertirse en el proceso. Se trata de un pequeño tubo de plomo de un palmo de largo y siete centímetros y medio de diámetro en cuyo extremo *a* tiene un cristal conve

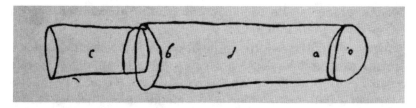

Esbozo del telescopio galileano, hecho por Della Porta (1609).

xo; luego hay otro tubo del mismo material y de cuatro dedos de largo que encaja en el primero y en cuyo extremo *b* tiene un cristal cóncavo, soldado al tubo igual que el primero. Si se observan objetos distantes sólo con ese primer tubo, se ven cercanos, pero como la visión no se produce en la perpendicular, resultan oscuros y difusos. Cuando se inserta el otro tubo, el de la lente cóncava, que produce el efecto contrario, las cosas pasan a verse nítidas y derechas; y entra y sale como un trombón, para ajustarlo a la vista de los observadores, que es siempre diferente.

Salvo por lo de *coglionaria*, la descripción cuadra con la del propio Galileo. Y tiene sentido. Un objetivo biconvexo habría invertido la imagen: al refractar los rayos de luz en ángulo provocaría que los rayos de luz incidiesen en la retina procedentes del lado opuesto del eje óptico del que procederían si los rayos se propagasen sólo por el aire. Galileo corregía este efecto reinvirtiendo la imagen mediante otra lente esférica, el ocular.

Lo que a estas alturas ya había descubierto Galileo –y otros inventores, cada vez en mayor número– era que el elemento fundamental de un telescopio potente era una lente de gran calidad para el objetivo. Pero no era un producto fácil de manufacturar. Durante este periodo, la artesanía óptica exigía la adquisición de piezas de vidrio en bruto, extraídas de globos de cristal soplado relativamente libre de impurezas, de las que en última instancia se obtenían las lentes, además de un torno a pedal, diversas muelas, cóncavas o convexas, para pulir las lentes; y algún tipo de abrasivo. Dado que Padua está cerca de Venecia, que era un importante centro cristalero, es de suponer que el instrumental de Galileo se basase en los prototipos usados en la isla de Murano, uno de cuyos fabricantes proporcionó las primeras lentes al astrofísico. Pero eran muchas las ciudades donde se fabricaban, y nos consta que Galileo llegó a desplazarse como mínimo hasta Florencia, y puede que más lejos, en busca de lentes y vidrio en bruto. No ha sobrevivido ningún documento ni diagrama relacionado con la composición del vidrio que usaba, el torno, las muelas o los abrasivos. Dado que su pequeño negocio se enfrentaba a muchos competidores potenciales, es normal que se reservase la opinión sobre tales materias. Lo que sí sabemos es que cuando consiguió dominar el arte del pulido de lentes empezó a delegar la tarea cada vez más en un artesano llamado Ippolito Francini.

El Instituto y Museo de Historia de la Ciencia de Florencia ha analizado la composición de las lentes de Galileo pero aún no ha publicado los resultados. Los especialistas han determinado que el tinte verdoso o rosado de casi todas ellas se debía a las impurezas de la arena empleada en la fabricación del cristal. Las lentes se pulían en el torno de manera similar a como giraríamos un cenicero de cristal para ahuecarlo, sólo que algunas de sus propiedades desconciertan a los investigadores. Aunque todas son el sector de una esfera, presentan una forma un tanto irregular, sobre todo hacia la circunferencia, lo que invita a pensar que en la relación entre forma y cristal intervenía cierto componente impredecible: quizá, por alguna razón, el artesano se veía obligado a rotar manualmente la lente para darle forma. Los especialistas también se preguntan por los abrasivos. El cristal es una sustancia de gran dureza que puede pulirse o bien precisamente con cristal –esto es, pulverizado en partículas–, o con un abrasivo aún más duro, como una suspensión de gránulos de diamante. Los abrasivos son bastante caros y su composición suele estar protegida por algún tipo de patente o derecho de propiedad, como una fórmula secreta, luego Galileo tuvo que buscar uno que fuese accesible y a la vez barato.

El científico tenía acceso a depósitos de arena, posiblemente en la costa adriática, que contenían abundantes sedimentos fosilizados de unos microorganismos conocidos como foraminíferos. Estas criaturas ameboides, muy estudiadas en la actualidad aunque casi siempre invisibles a simple vista, suelen generar una especie de concha porosa, las llamadas «conchillas» o «testas», y tienden a vivir en ambientes marinos. Existen más de doscientas setenta y cinco mil especies diferentes, con una diversidad extraordinaria de testas, muchas de ellas muy elaboradas y por lo general compuestas de carbonato cálcico. La arena con una elevada densidad de foraminíferos fosilizados puede usarse de abrasivo, y aunque en el Véneto de 1609 nadie tuviera conocimiento de este hecho –Galileo no fabricaría sus primeros microscopios hasta 1624–, algunas personas sabían desde luego que la arena de determinadas zonas rayaba fácilmente el cristal. El astrofísico, para variar, se enteró del asunto y le sacó partido.

El Museo de Historia de la Ciencia posee un telescopio fabricado por Galileo en una fecha indeterminada entre 1610 y 1630. Se trata de un tubo de madera de casi un metro de largo, con un cilindro en cada extremo para alojar las dos lentes, y con un forro de cuero marrón ligeramente desgarrado por el sitio donde el instrumento se montaba sobre un pie. El sistema óptico consiste en un objetivo plano-convexo –con mucho la lente más difícil de fabricar– y un ocular bicóncavo, con las dos lentes dispuestas de tal forma que el punto focal del objetivo pudiese hacerse coincidir fácilmente con el punto focal trasero del ocular. Tal y como lo describió Della Porta, el cilindro donde va alojado el ocular puede meterse o sacarse para enfocar. El objetivo mide 3,7 centímetros de diámetro y está encajado en una arandela de madera de 1,6 centímetros de apertura que a su vez está sujeta por una más pequeña de cartón de 1,5 centímetros de apertura –más estrecha que la uña del pulgar– y sellada por una última arandela cubierta de cuero y con una apertura mucho mayor.

Galileo no tardó en descubrir esta reducción del diámetro de la apertura –que corresponde al diafragma de una cámara fotográfica reflex–. Tal vez lo que buscaba en un primer momento era compensar sus propias deficiencias ópticas. Puede que también quisiera eliminar las imperfecciones que presentaban las lentes alrededor de la circunferencia, fruto de un pulido irregular o manual, así como las aberraciones inherentes a las lentes esféricas –a la sazón inexplicables pero evidentes en forma de desenfoque– causadas por el hecho de que los rayos que inciden en la lente esférica lejos del eje óptico, la llamada región paraxial, en el centro de la lente, se refractan más que los que forman el estrecho haz que se concentra en dicha región. Galileo debió de percatarse enseguida –tal vez debido a su propio hábito de entrecerrar los ojos para ver mejor– de que esa «reducción de diafragma» aumenta la definición de la imagen, una ventaja enorme a la hora de observar objetos. Pero cuanto más reducía sus lentes con el fin de obtener imágenes más definidas, más pequeñas se hacían las aperturas, y estas aperturas minúsculas, unidas a la distancia focal cada vez mayor de sus objetivos, terminaron dando resultado a telescopios finos como cañas del estilo del exhibido en el museo de Florencia, que tiene veintiún aumentos pero un campo de visión de apenas quince minutos sexagesimales. Todo esto supuso un logro fabuloso –parece ser que algunos de los telescopios galileanos llegaban a los treinta aumentos–, pero cuando uno prueba a mirar por uno de estos aparatos –hay una réplica exacta en las oficinas del Instituto– se encuentra con un campo de visión tan exiguo que no llega a abarcar la luna: no es un instrumento fácil de manejar. Y lo que es más importante, este método de invención no ofrecía mucho margen de mejora dado que cualquier incremento de la potencia del telescopio reducía aún más su campo de visión. De hecho, pasados esos primeros años de descubrimiento, Galileo fabricó pocos telescopios y prefirió dedicarse a otros intereses, por lo que la especialidad pasó a manos de gente mucho más joven, como su discípulo Evangelista Torricelli, el napolitano Francesco Fontana –a quien Galileo detestaba–, Eustachio Divini, y Giuseppe Campani. El telescopio galileano fue un callejón sin salida, pues enseguida empezaron a combinarse las lentes de maneras muy diferentes, a utilizarse espejos, y mucho después, a usarse lentes asféricas para corregir la aberración esférica.

Galileo concebía las placas perforadas que usaba para reducir la abertura de las lentes como mecanismos de medición graduados por tamaño que subtendían «más o menos minutos sexagesimales». El telescopio permitía, efectivamente, divisar un sinfín de nuevas estrellas, pero el minúsculo campo de visión, unido a la diversa capacidad visual de cada persona, planteaba problemas técnicos a la hora de calcular la distancia angular, una limitación de la que no adolecía el cuadrante normal y corriente, que también servía para medir los intervalos entre las estrellas. A decir verdad, no parece que Galileo usase sus pasos de apertura como instrumento de medición.

A finales del otoño de 1609, el astrofísico fabricó un telescopio de veinte aumentos y emprendió, con enorme entusiasmo, el estudio de los cuerpos celestes más cercanos. La primera de todas esas noches despejadas que dedicó a la observación astronómica inauguró un periodo glorioso para Padua y el mundo, una digna réplica al no menos glorioso periodo, unos tres siglos antes, en el que Giotto decorara la cercana capilla Scrovegni y reinventara el arte de la pintura occidental. Del 1 al 18 de diciembre, desde lo alto de su casa, Galileo observó las fases de la luna, de las que dejó testimonio en siete aguadas en sepia. Lo que inmediatamente llamó su atención al escudriñar nuestro satélite –o mejor dicho, el cincuenta y nueve por ciento de la superficie lunar que podía observarse antes de la era de la exploración espacial; ese nueve por ciento extra se conocía gracias a las llamadas libraciones, lentos movimientos oscilatorios de la luna con respecto a la Tierra– fue lo escabroso del terreno, una evidente contradicción con la teoría de Aristóteles, que había insistido en la naturaleza uniforme e incorruptible de todos los cuerpos celestes. Galileo también mostró interés por el contraste, extraordinariamente vivo, entre las manchas oscuras y claras de la superficie. A las primeras, de gran tamaño, las denominaba «puntos antiguos», porque eran conocidas desde los albores de la historia por cualquiera que se hubiese molestado en mirar –una pulla evidente contra Aristóteles–; los puntos más pequeños nunca antes se habían detectado. «La superficie lunar no es lisa, uniforme y perfectamente esférica como creen un gran número de filósofos», escribió poco después, «sino irregular, accidentada, llena de cavidades y prominencias, y, al igual que la de la Tierra, salpicada de cordilleras y valles profundos». Está claro que con esta observación el astrofísico esperaba poner fin de una vez por todas a la teoría recurrente de que la cristalina luna poseía propiedades reflectantes y que sus manchas oscuras no eran sino la imagen especular de los accidentes geográficos de la Tierra.

¿Por qué montañas? ¿Por qué valles? Galileo había estudiado el terminador, la línea de separación entre la parte iluminada de la superficie lunar y la parte en sombra. En las fotografías modernas, el terminador no aparece como una línea precisa sino como una zona de transición semitonal que va oscureciendo gradualmente la superficie de una esfera, algo totalmente lógico. Pero el pisano, que contemplaba una luna menos aumentada con un terminador bastante bien definido, había reparado en un número de puntos brillantes justo dentro de la zona en sombra, y de puntos oscuros en la zona iluminada, deduciendo con tino que se trataba de promontorios y depresiones. Es más, cuatro o cinco días después del novilunio, advirtió que los puntitos brillantes de la zona oscura aumentaban de tamaño y luminosidad y, al cabo de unas pocas horas, se fundían con la zona iluminada, que había ido creciendo poco a poco. El 7 de enero de 1610, escribió desde Padua a Antonio de Medici, residente en Florencia, un hijo ilegítimo pero influyente de Francesco, el difunto gran duque. Galileo le anunció con emoción las mejoras introducidas en el telescopio y le reveló que permitían «ver con absoluta claridad que la superficie de la luna no es lisa, regular y límpida, como creen tantas y tantas personas, sino que en realidad, vista desde más cerca, es escabrosa e irregular, con lo cual nadie en su sano juicio puede afirmar que la luna esté cubierta sino por promontorios y cavidades, similares a las montañas y valles repartidos por la faz de la Tierra, aunque bastante más grandes».

La carta a Antonio de Medici –el primer testimonio que tenemos de las observaciones lunares del pisano– incluía otras descripciones, unos pequeños esbozos, y una mención somera a unas curiosas «estrellas» en las inmediaciones de Júpiter. Todo esto lo desarrollaría Galileo en un breve folleto escrito en latín, que seguía siendo la lingua franca de los científicos, cuyo título, *Sidereus Nuncius*, cabe traducir bien como *Mensajero de las estrellas*, o como *Mensaje estelar*, aunque ha terminado imponiéndose el primero. El opúsculo, que se publicaría poco después, causó sensación entre la comunidad científica del Viejo Continente. «En la Tierra, antes del amanecer», escribió, insistiendo en su convicción de que la superficie lunar era escarpada, «¿acaso no están las cumbres de las montañas más altas iluminadas por los rayos del Sol mientras las sombras cubren la llanura? ¿No va aumentando la luminosidad hasta que, al cabo de un rato, las faldas de esas mismas montañas también resultan iluminadas, y finalmente, cuando el Sol sale del todo, no se les une la iluminación de la mismísima llanura? Pues bien, en la luna, estas diferencias entre elevaciones y depresiones parecen superar con mucho la aspereza terrestre». Este párrafo muestra lo familiariza-

El *mazzocchio* de Sirigatti.

Ilustración de un estilizado *mazzocchio*, un sombrero construido sobre un armazón de mimbre, extraída del tratado *La pratica di prospettiva del cavaliere* (1596), de Lorenzo Sirigatti. El análisis de la geometría del *mazzocchio* se convirtió en un exigente ejercicio para arquitectos, matemáticos y estudiantes de perspectiva; su importancia en la concepción galileana de la luna la puso de relieve Samuel Edgerton en el libro *The Heritage of Giotto's Geometry: Art and Science on the Eve of the Scientific Revolution* (Ithaca y Londres, Cornell University Press, 1991).

do que debía de estar Galileo con los tratados de perspectiva que proliferaban por aquella época y que solían incorporar ilustraciones de objetos puntiagudos imaginarios –derivados de un tipo de sombrero con un armazón interior de mimbre denominado *mazzocchio*– bajo diversos tipos de iluminación. El opúsculo también abordaba otro asunto. Si la luna era tan montañosa como sostenía el pisano –que no decía nada de cráteres–, ¿por qué su contorno parece liso y no serrado? La explicación de Galileo era que las asperezas de la superficie lunar eran uniformes, de tal forma que las sucesivas hileras de picos, vistas desde lejos, se ocultaban unas a otras y parecían lisas. Pero el astrofísico no se contentaba con afirmar que la luna tenía montañas sino que quería medir su altura y asestar así el golpe de gracia a toda la cosmología aristotélica.

Era una idea tan audaz como estimulante. Para empezar, nadie en Europa –ni en el resto del mundo, salvo en el Oriente islámico– había logrado calcular de manera consistente la altura de ninguna montaña terrestre. Con un teodolito, un observador podía medir el ángulo formado por la dirección de su vista hasta la cumbre y el plano en el que se hallaba; también sabía que la plomada imaginaria tendida desde la cumbre hasta la base formaba un ángulo recto con el terreno; y podía calcular con una precisión razonable la distancia desde donde se encontraba hasta ese ángulo recto localizado dentro de la base de la montaña: todos estos datos bastaban para calcular el dato deseado... en teoría. El problema era que, a menos que se estuviese observando una montaña desde el mar, como el Teide, en la isla de Tenerife, una referencia visual muy estimada por los marinos, resultaba casi imposible determinar a qué altura sobre el nivel del mar se encontraba la montaña en cuestión, una laguna que trastocaba los cálculos. En 1644, dos discípulos de Galileo, Evangelista Torricelli y Vincezo Viviani –puede que inspirados por Descartes– tuvieron la idea de medir alturas de forma barométrica, basándose en el hecho conocido de que si emprende una ascensión con un tubo de cristal lleno de mercurio, la presión del aire de su interior descenderá gradualmente a medida que se sube más alto; lo malo de este procedimiento es que obligaba a escalar la montaña en cuestión. Hasta el siglo XIX no se descubrieron en Occidente métodos prácticos de averiguar la altura de las montañas, y así y todo exigían una labor de reconocimiento larga y pesada.

Así pues, si ya era difícil medir las montañas terrestres, tanto más las lunares. Naturalmente, Galileo no había puesto nunca el pie en el cuerpo celeste cuyas prominencias pretendía calcular, pero este hecho le parecía una ventaja habida cuenta de que algunas cosas son más fáciles de medir de lejos que de cerca: era como resolver un problema de geometría. En este caso concreto, ya disponía de dos constantes: el diámetro de la luna, registrado en el *Almagesto* de Ptolomeo, y el hecho de que el nivel del mar, tan difícil de determinar cuando uno está tierra adentro, en el caso de nuestro satélite era simplemente igual a su superficie esférica. Además, a efectos geométricos, podía considerarse que el terminador de la luna en el primer o último cuarto –la media luna–, que describe la mitad del diámetro del satélite, formaba un ángulo recto con el rayo de luz del sol.

Gracias al telescopio, Galileo había advertido algunos puntos levemente iluminados dentro del área en sombra, concretamente a una distancia del terminador de poco más de un veinteavo del diámetro de la luna, y dio por hecho que serían montañas normales y corrientes. «Por consiguiente», escribió, convirtiendo las antiguas unidades griegas en millas florentinas y reformulando el problema en geometría del plano,

sea CAF la gran circunferencia del cuerpo lunar, E su centro y CF su diámetro, que es al diámetro de la Tierra lo mismo que dos es a siete. Dado que según observaciones muy precisas el diámetro de la Tierra es de siete mil millas, CF mediría dos mil millas; CE, mil millas, y un veinteavo de CF, cien millas. Sea CF el diámetro del gran círculo que separa la parte iluminada de la luna de la parte oscura –ya que, debido a la enorme distancia que separa al sol de la luna, dicha separación no difiere sensiblemente de un gran círculo–, y sea la distancia entre A y C un veinteavo de dicho diámetro. Dibújese el radio EA, que corta la línea tangente GCD –que representa el rayo iluminador– en el punto D. Entonces, el arco CA, o mejor dicho, la recta CD, medirá cien unidades, CE mil, y la suma de los cuadrados de DC y CE será 1.010.000. Esta cantidad equivale al cuadrado de DE, luego ED medirá más de 1.004, y AD más de cuatro de las mismas unidades de las que CE mide mil. Por lo tanto, la altura de AD en la luna, que representa una cumbre que llega hasta un rayo solar GCD y está a una distancia CD de C, es superior a cuatro millas. Dado que en la tierra no existen montañas que alcancen ni siquiera una milla de altura perpendicular, está bastante claro que las prominencias de la luna son a menudo más elevadas que las terrestres.

Aunque la verdadera altura de las montañas lunares fuese irrelevante, el postulado aristotélico de la perfección de los cuerpos celestes había quedado desmentido de un solo golpe.

En este punto se imponen ciertas observaciones. En primer lugar, a estas alturas Galileo ya sabía que la luna sólo nos muestra una cara, prueba palmaria de un hecho importante: que daba vueltas. (El tiempo que tarda la luna en completar su órbita alrededor de la tierra es igual a su periodo de rotación sobre su propio eje.) Esto significaba que, en el mejor de los casos, sólo había observado la mitad de las montañas de la luna –sin contar las ocultas por las libraciones, de las que aún tardaría un tiempo en apercibirse–. Galileo

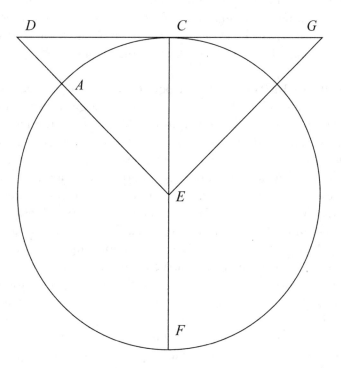

Diagrama de Galileo.

Demostración galileana de la altura mínima de las montañas lunares (extraída de *El mensajero de las estrellas*, 1610).

usó una equivalencia un tanto dudosa para convertir los antiguos estadios egipcios en los que se había calculado el diámetro de la Tierra y dio por hecho que la proporción entre los diámetros lunar y terrestre era de 2/7 –esto es, 0,2857–, cuando según el cálculo moderno es de 0,2727. Ajustando los cálculos del astrofísico a la proporción moderna pero respetando sus operaciones matemáticas, C. W. Adams determinó que una montaña lunar galileana mediría como mínimo unos 8.704.941 metros. Aunque la cara oscura de la luna se pudo observar por primera vez en 1959, gracias al viaje de la nave espacial soviética *Luna 3*, se ha calculado que la montaña más alta en la cara normalmente visible de nuestro satélite, el monte Huygens, mide 5.500 metros, mientras que el Etna, la más alta de las montañas situadas al sur de los Alpes que podían medirse aproximadamente en época de Galileo, no supera los 3.326 metros. (El pico más alto de Europa, el Mont Blanc, mide 4.808.)

A finales de 1609 Galileo había logrado armar su telescopio y orientarlo a lo largo y ancho de los cielos. En la larga carta que el 7 de enero de 1610 escribió a Antonio de Medici mencionó algo además de la luna. «Con respecto a las estrellas», escribió, «he percibido lo siguiente. Primero, que el telescopio permite ver muchos astros fijos que de otro modo sería imposible distinguir, y segundo, que esta misma noche, he visto a Júpiter acompañado de tres estrellas fijas que de tan pequeñas suelen resultar casi invisibles, y su configuración presentaba esta forma: OOO. Esta configuración no ocupaba más de un grado de longitud aproximadamente». Tres semanas después, mientras estaba en Venecia supervisando la publicación del *Mensajero de las estrellas*, escribió a su amigo Belisario Vinta, el secretario de estado toscano, para contarle un hecho maravilloso que lo había dejado anonadado, a saber: que esas tres estrellas –sólo que ahora eran cuatro, pues el 14 de enero había avistado una más– se movían en el mismo plano «que Mercurio y Venus y por ventura los demás planetas conocidos». Además de pedirle a Vinta que hablase de él a la familia ducal, le dijo que en breve mandaría un ejemplar de su nuevo libro y un buen telescopio al Gran Duque Cosimo, que a la sazón contaba veinte años de edad, para que pudiese verificar sus afirmaciones. Galileo llevaba mucho tiempo deseando volver a Florencia, y ahora veía una oportunidad de oro. A todo esto, el 13 de marzo de 1610 se había publicado en latín el *Mensajero de las estrellas*. Las quinientas cincuenta copias de esa primera edición se difundieron por toda Europa y convirtieron a su autor en una celebridad internacional. En sus escasas treinta páginas, Galileo no sólo hablaba de la luna y de diversas estrellas sino también del extraordinario fenómeno que había observado en las inmediaciones de Júpiter y le había mencionado a Vinta. Se ha concedido mucha atención a la excepcional perspicacia del pisano a la hora de identificar esa extraña configuración habida cuenta de la emoción que debía de embargarlo cada noche cuando apuntaba con su telescopio hacia cientos de estrellas nunca vistas con anterioridad, y de seguir con éxito durante semanas el rastro de sus constantes cambios. Lo que describió mediante diagramas en el opúsculo fue el continuo desplazamiento de estas «estrellas», ora al este de Júpiter, ora al oeste, pero siempre en línea recta y siempre «en la línea del zodiaco», esto es, la eclíptica, porque las doce constelaciones del zodiaco, vistas desde la Tierra, se encuentran casi por completo en el plano eclíptico. Comoquiera que estos cuerpos a veces seguían o precedían a Júpiter a distancias regulares y que lo acompañaban en su movimiento retrógrado, Galileo no tardó en sacar la conclusión de que eran satélites. «He aquí un argumento elegante», escribió, «para disipar las dudas de quienes, aun aceptando con tranquilidad las revoluciones de los planetas alrededor del sol que postula el sistema copernicano, sienten una enorme inquietud ante el hecho de que la luna gire alrededor de la Tierra y al mismo tiempo la acompañe en su traslación anual alrededor del Sol». Se dirigía así a los numerosos escépticos que afirmaban que si la Tierra orbitase alrededor del Sol no podría retener un satélite, pero se mostró lo bastante prudente como para no conceder más que un valor meramente hipotético a la cosmología copernicana. En el supuesto caso de que el sistema del astrónomo polaco fuese válido, parece decir Galileo, entonces y sólo entonces las revoluciones de la luna acompañan el movimiento de la Tierra, de manera análoga a la de los satélites jupiterinos.

Las observaciones telescópicas convirtieron a Galileo en uno de los individuos más célebres del mundo occidental. En poquísimo tiempo manufacturó muchos cientos de telescopios, un seis por ciento de los cuales reunían sus requisitos –es de suponer que los demás se desechaban–, y envió los mejores a la realeza y aristocracia: a María de Medici, prima del duque Cosimo y esposa de Enrique IV de Francia, al duque de Urbino, al duque de Baviera y al elector de Colonia. El científico convenció astutamente al propio Cosimo de que usase el telescopio como regalo diplomático, convirtiéndolo así en una especie de agente de ventas ducal. El Collegio Romano, la institución jesuita que aceptó la mayoría de las conclusiones de Galileo –y que más adelante se volvería en su contra–, le dispensó una calurosa bienvenida. La Academia de los Linces le abrió sus puertas y los poetas cantaron sus alabanzas en muchas lenguas, comparándolo con Colón y Magallanes. El *Mensajero de las estrellas* se reimprimió en Frankfurt a los pocos meses, y Kepler, el descubridor de las leyes del movimiento planetario, escribió una carta entusiasta a su autor.

No se suele dar el caso de que un hombre, por muy dotado que esté, prospere exclusivamente por méritos propios, sin contar con algún tipo de patrocinio de las altas esferas, máxime en una época donde no existía la protección a la propiedad intelectual, y Galileo lo sabía. Hasta entonces había buscado el respaldo del senado veneciano, pero ahora, con cuarenta y seis años de edad y un revolucionario tratado científico en su haber, vio la oportunidad de hacerse con un mecenas más poderoso. Aprovechando que podía bautizar las lunas de Júpiter como le viniese en gana, el 13 de febrero escribió a Belisario Vinta para preguntarle cuál de estos nombres, Estrellas Cósmicas (*Cosmici Sydera*) o Estrellas Mediceanas (*Medicea Sydera*), podrían agradar más al duque Cosimo. El 20 de febrero Vinta le contestó que se prefería el segundo apelativo, lo cual es comprensible. Las lisonjas iban a darle muchos frutos a Galileo. En julio de ese mismo año, tras una serie de amistosas negociaciones con Vinta, el gran duque ya lo había contratado, a cambio de un salario descomunal, como matemático y filósofo de la corte toscana, lo que provocó la indignación de los venecianos, que tanto habían hecho

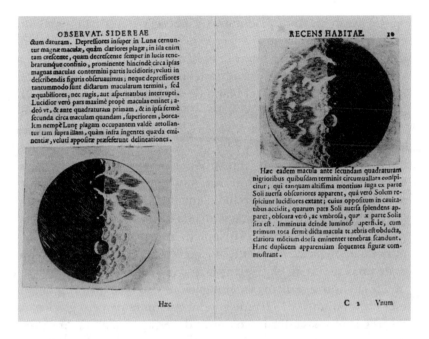

Dos páginas del *Sidereus nuncios* de Galileo
(*El Mensajero de las estrellas*), 1610.

Los grabados en cobre posiblemente fuesen obra, en su mayor parte, del propio
Galileo.

por promover su carrera. Fue una decisión aciaga. Galileo nunca
volvería a residir en la Serenísima República, un estado que no
veía con buenos ojos la jurisdicción de la Inquisición romana sobre
las acusaciones originadas fuera del Véneto.

Las observaciones de la luna y de los satélites de Júpiter no convirtieron a Galileo en un copernicano hecho y derecho, aunque desde luego añadieron nueva munición a su arsenal anti-aristotélico.
El punto de inflexión lo constituyeron sus observaciones de Venus,
pero para apreciar su importancia primero debemos entender por
qué la órbita de este planeta era un tema tan candente en aquella

época. Desde tiempo inmemorial, los observadores han percibido el enorme círculo hacia el este que describe el sol en el firmamento en el transcurso de un año, la llamada eclíptica. La eclíptica atraviesa visualmente las doce constelaciones del zodiaco y también constituye, grosso modo, el plano de las órbitas planetarias. Ya en la antigüedad se advirtió que, mientras las estrellas mantienen posiciones fijas, los planetas parecen «errar», desplazándose unas veces al este, como las estrellas, y otras al oeste, lo que se conoce como movimiento «retrógrado». Venus, por ejemplo, traza una especie de bucle en el cielo, lo que en fechas muy tempranas se explicó afirmando que describía un círculo, llamado epiciclo, que visto desde la Tierra le hacía parecer que se movía hacia atrás.

En términos modernos, el fenómeno se explica mediante la denominada «elongación» de Venus. El ángulo formado por la línea que va de un planeta hasta la Tierra y la que va del sol a ese planeta situado en la elíptica se llama su elongación, y se dice que un planeta está en «conjunción» cuando su elongación es de cero grados, es decir, cuando pasa delante o detrás del Sol y forma una línea recta; en «cuadratura» cuando la elongación es de noventa grados, esto es, cuando el planeta forma un ángulo recto con la Tierra y el Sol; y en «oposición» cuando la elongación es de ciento ochenta grados, o sea, cuando pasa por detrás de la Tierra en relación al Sol. Venus está tan cerca del Sol que su elongación nunca supera los cuarenta y ocho grados, y dado que es un planeta inferior, esto es, que está más cerca del Sol que de la Tierra, no puede estar nunca ni en cuadratura ni en oposición. Ni qué decir tiene que los astrónomos de la antigüedad no veían el sistema solar como lo vemos nosotros, pero todo el mundo reparaba en que lo más extraordinario de Venus, el lucero del alba y del ocaso, era lo cerca que se mantenía del Sol. Nunca estaba a una gama tan variada de distancias angulares con respecto al Sol como los demás planetas. ¿Dónde, se preguntaban los antiguos, estaba la órbita de Venus?

El *Almagesto* de Ptolomeo, un tratado que en época de Galileo aún se daba por bueno y que el propio astrofísico pisano había estudiado y enseñado cuando era más joven, situaba a Mercurio y a Venus como planetas inferiores que orbitaban la Tierra entre nuestro planeta y el Sol. Estos dos planetas también describían epiciclos, círculos subsidiarios alrededor de un centro, un poco como satélites que orbitasen alrededor de nada; matemáticamente hablando, estos epiciclos que suponían los antiguos podían cuadrarse más o menos con su movimiento retrógrado desde la perspectiva de un observador terrestre.

Bajo esta óptica, una objeción importante que se podía hacer a la hipótesis de Copérnico era que Venus, al ser un planeta inferior, debería exhibir fases y sin embargo no lo hacía. (Lo mismo cabía decir de Mercurio, un caso aún más peliagudo toda vez que es un planeta más cercano al Sol y por tanto más difícil de observar.) Dicho de otro modo, dado que en el sistema heliocéntrico la órbita de

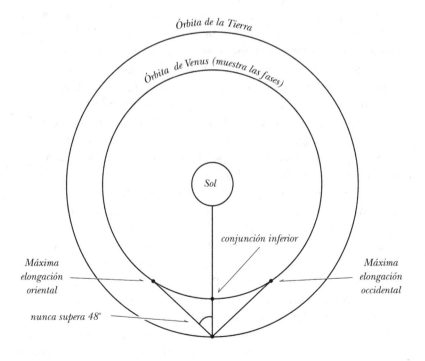

La elongación de Venus.

Venus se hallaba entre un sol estacionario y la órbita terrestre, debería ser posible percibir en su globo fases cambiantes de luz solar –creciente, media, gibada, etcétera–, similares a las de la luna, dependiendo de si estaba en su elongación oriental u occidental. Copérnico había replicado atinadamente que las fases de Venus, aunque a buen seguro existían, eran invisibles a simple vista.

Por desgracia, este argumento también servía de base para la cosmología ptolemaica, en la cual Venus sería igual de difícil de ver (aunque contemplado desde la Tierra, si nuestra visión fuese lo bastante poderosa como para percibirlo, mostraría una apariencia diferente). En el universo ptolemaico, el planeta, girando alrededor de la Tierra y describiendo al mismo tiempo su epiciclo, estaría normalmente iluminado, tal como nos parece verlo a simple vista; pero comoquiera que el centro de su epiciclo seguía invariablemente una línea situada entre el Sol y la Tierra, nunca pasaba por detrás del Sol ni adoptaba una forma mayor que la creciente. (También es verdad que en el sistema de Tico Brahe Venus mostraba fases, pero Galileo, por motivos relacionados con la mecánica celeste, nunca se había tomado el sistema ticónico en serio. Según la hipótesis del astrónomo danés, todos los planetas menos la Tierra, incluidos algunos muchos más pesados que ella, giraban alrededor del Sol, lo que a primera vista ofendía el principio de uniformidad de la ley natural.) Durante la mayor parte de 1610, Galileo se mostró ansioso por echar un vistazo a Venus o Mercurio con el telescopio, más que nada para verificar cuál de las cosmologías era la verdadera o tenía más pruebas a su favor, pero para gran frustración suya no pudo hacerlo debido a que ambos planetas se hallaban demasiado cerca del Sol.

Por fin, en octubre de 1610, el astrofísico empezó a observar las fases de Venus, y el 11 de diciembre envió un anagrama a tal efecto a la residencia de Kepler, en Praga (estos mensajes cifrados eran a la sazón un medio habitual de proteger una invención o descubrimiento). El alemán no supo descifrarlo, pero las observaciones de Galileo marcaron un hito. Gracias a ellas, la astronomía poseía por primera vez una idea clara del movimiento planetario y, mediante una sagaz inferencia, de las revoluciones terrestres. En esencia,

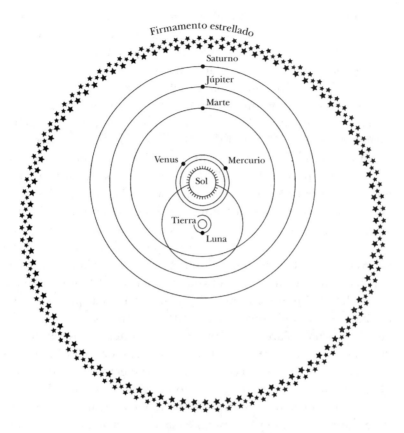

El universo ticónico.

Aunque la cosmología de Tico Brahe concordaba con las observaciones galileanas de las fases de Venus, no parece que el astrofísico pisano llegase a tomársela en serio.

la teoría Ptolemaica, incapaz de resolver la cuestión del posible movimiento de la Tierra, había terminado considerando que el movimiento percibido de los planetas –el desplazamiento planetario en la esfera celeste visible– era su verdadero movimiento. Al negar el movimiento de la Tierra, los partidarios de Ptolomeo no se percataban de que la esfera celeste, un mero constructo visual, sólo resultaba útil si al considerar el movimiento percibido de los demás planetas también se tenía en cuenta el movimiento real del nuestro. Aunque Kepler ya había dado con la forma de calcular el movimiento planetario unos cinco años antes, Galileo estaba constatando ahora que ese movimiento tenía efectivamente lugar.

Si sus observaciones anteriores habían inducido al pisano a rechazar con contundencia el universo aristotélico, fueron las manchas solares, avistadas entre 1611 y 1613, las que lo llevaron a declararse rotundamente a favor del copernicanismo. Las manchas ya se habían visto durante el reinado de Carlomagno, si no antes, y hacía poco tiempo que tres científicos se habían adelantado a Galileo con observaciones parecidas: Johann Fabricius en Wittenberg, Thomas Harriot en Inglaterra, y el jesuita Christopher Scheiner, un brillante catedrático de matemáticas de la universidad de Ingolstadt, en Bavaria. Pero Galileo no tenía la menor noticia de su labor, y en cualquier caso, nadie había avanzado ninguna teoría válida sobre la naturaleza del fenómeno, aunque Ludovico Cigoli, el arquitecto y pintor, había mantenido una correspondencia con el astrofísico acerca de las manchas solares y le había avivado el interés. Las denominadas manchas son en realidad ilusiones ópticas: dado que la temperatura en cada una de ellas, un fenómeno electromagnético complejo y finito, oscila entre los cuatro mil grados centígrados de la llamada umbra, la zona central oscura, y los cinco mil doscientos de la penumbra, la región circundante más clara, la mancha en sí, cuya temperatura es unos mil grados inferior a la de la fotosfera, parece más o menos recortada contra el fondo. Durante buena parte de 1611, Galileo, fascinado y a la vez perplejo por lo que podía ver de este fenómeno, lo estudió cada vez con más ahínco desde Venecia, desde Roma y desde la villa toscana de un amigo.

El volumen *Cartas sobre las manchas solares*, de 1613, consiste en las réplicas de Galileo a Mark Welter, un acaudalado mercader de Augsburgo que había remitido al pisano un escrito de Scheiner. Por miedo a sus colegas jesuitas, Scheiner había publicado sus reflexiones bajo el pseudónimo de «Apeles». Tras familiarizarse con las opiniones de Scheiner, para quien las manchas solares eran estrellas o planetas que se movían a cierta distancia del Sol, Galileo ela-

boró una extensa réplica que, pese a su tono cortés, dejó amargado al jesuita durante décadas. «He de confesar a Su Excelencia»,
escribió a Welser,

> que aún no estoy lo bastante seguro como para anunciar ninguna con-
> clusión definitiva sobre la naturaleza de las manchas solares. La sus-
> tancia de estas manchas podría ser una cualquiera del sinfín de cosas
> que nos son desconocidas e inconcebibles, mientras que los fenóme-
> nos que habitualmente se observan en ellas –la forma, la opacidad y el
> movimiento– podrían deberse a razones que escapan parcial o com-
> pletamente nuestro conocimiento. [...] Sean, pues, vapores o exhala-
> ciones, o nubes, o humo despedido por el globo solar, o atraído allí pro-
> cedente de otros lugares; es algo que no he decidido, y pueden existir
> miles de cosas más que no percibimos [...]. No me parece que sean pla-
> netas, ni estrellas fijas ni de ninguna clase, ni que se muevan alrede-
> dor del Sol en círculos separados y lejanos de él. Si se me permite mani-
> festar mi opinión a un amigo y patrón, diré que las manchas solares
> nacen y se disuelven sobre la misma superficie del Sol y le son conti-
> guas, pues cuando el sol rota sobre su eje en el transcurso de un mes
> lunar, las lleva consigo.

Galileo insistía a Welser, por supuesto con acierto, que la más
oscura de las manchas solares era como mínimo igual de luminosa
que la parte más brillante de la luna, y si parecía oscura era tan
sólo debido al contraste. Señalaba, además, que aunque las manchas se movían de forma desordenada, se desplazaban como si el
Sol las transportase en una rotación de oeste a este; que con respecto a la latitud eran un fenómeno «tropical»; y –con el debido
respeto para Scheiner– que al acercarse a la circunferencia del Sol
y perderse de vista no daban muestras de separación ni extrusión
respecto del cuerpo matriz.

Casi todas estas conjeturas han resultado ser ciertas: las manchas
solares emiten, en efecto, una luz intensa; son un fenómeno tropical que rara vez se da en latitudes heliográficas por encima de los
± 45 grados; y no están separadas del Sol. Más importante aún, las
manchas solares podían servir de balizas para que los astrónomos

determinasen si el Sol rotaba, un detalle que Galileo fue el primero en captar. (En 1860, Richard Christopher Carrington descubrió que la rotación solar variaba en función de la latitud: la velocidad en los polos era más lenta que en el ecuador en una proporción de 0,74; el movimiento «verdadero» de las manchas más lentas eran tan premioso que se desplazaban de este a oeste con respecto al Sol.)

En *Cartas sobre las manchas solares*, Galileo admite con frecuencia que no sabe o no entiende ciertos fenómenos, por ejemplo, que el Sol no gire, que sólo lo hagan las manchas, o que las manchas podrían tener un aspecto diferente dependiendo del lugar de la Tierra desde donde se las mirase, aunque esta posibilidad se le antojaba inverosímil. En un destacado pasaje del libro, concede que el Sol probablemente gire y se pregunta cuál será la causa de su movimiento, momento en el cual sus antiguas investigaciones en materia de mecánica enlazan con sus observaciones astronómicas. Aristóteles no había tenido noción del impulso ni, por consiguiente, del movimiento en términos susceptibles de cuantificación. Pensaba que el medio a través del cual se desplazaban los objetos era lo que sostenía su movimiento. En cambio, Galileo, escribió: «Creo haber observado que los cuerpos físicos poseen una tendencia física a algún tipo de movimiento», y a falta de las nociones matemáticas necesarias para una caracterización exacta, describió dicho movimiento mediante una serie de metáforas «psicológicas», en parte de raíz aristotélica: inclinación, aversión, indiferencia y violencia. «Inclinación» significaba gravedad, «aversión» indicaba resistencia al arrastre en dirección opuesta a la fuerza de la gravedad, «indiferencia» aludía a cierta tendencia de los cuerpos a permanecer tal como estaban, y «violencia» se refería a una fuerza externa que ponía un objeto en movimiento o lo aceleraba. La idea galileana del movimiento solar era por fuerza ambigua y dubitativa, y el astrofísico se cuidaba de sentar principios generales con rotundidad, pero así y todo se vislumbra el difuso perfil de lo que sería la primera ley del movimiento de Newton, o principio de inercia, a saber: la tendencia de los cuerpos a mantenerse en reposo o seguir en movimiento con una velocidad constante a menos que actúe sobre ellos una fuerza externa, lo que Galileo llamaba «violencia».

En respuesta a otro tratado de Apeles, el pseudónimo del padre Scheiner, Galileo volvió a escribir a Welser, en esta ocasión para exponerle sus opiniones sobre la elongación de Venus. Entre otras cosas, el pisano afirmaba que el eje de inclinación del Sol era perpendicular a la eclíptica, un error que no tardaría en rectificar. Y lo que es más importante, al rechazar ciertas afirmaciones de Scheiner acerca de Venus, declaró presa de la exasperación que cualquier astrónomo competente que hubiese leído las *Revoluciones* de Copérnico se daría cuenta de que Venus giraba alrededor del Sol y que esta noción también le serviría «para corroborar el resto del sistema [copernicano]». Hacia el final de la carta, en un comentario sobre lo esquivo de Saturno y la dificultad de determinar su forma con certeza, Galileo aventura con una frase pasmosa la posibilidad de que «este planeta, no menos que el espinoso Venus, también armonice de manera admirable con el gran sistema copernicano, cuya revelación universal [...] se ve ahora auxiliada por vientos propicios [...] sin que haya que temer nubes ni corrientes adversas». Aunque técnicamente estas confidencias epistolares no implicaban la enseñanza pública de la doctrina heliocéntrica, tanto Welser como Galileo pertenecían a la Academia de los Linces, cuyo presidente, el ya príncipe Federico Cesi, enseguida publicó la correspondencia de los dos amigos. Por fin Galileo se declaraba abiertamente partidario de Copérnico, lo cual no habría de granjearle precisamente las simpatías de la Inquisición.

Unos cuantos estudiosos sin relación con el Santo Oficio reaccionaron con furia a los descubrimientos de Galileo; otros, con menosprecio. Uno de ellos fue el aristotélico Cesare Cremonini, de Padua, que proclamó a los cuatro vientos que se negaba a mirar por el telescopio. Otro fue Giulio Libri, de Pisa, que reunió argumentos clásicos para no ver lo que el instrumento galileano mostraba de forma meridiana. Un granuja llamado Martin Horky escribió una carta a Kepler en la que aseguraba que cuando se orientaba el telescopio de Galileo hacia el cielo no se veía absolutamente nada. Son múltiples los ejemplos de esta índole. La negativa rotunda de estos individuos a aceptar la utilidad de una nueva herramienta de investigación, o en algunos casos incluso a llevársela siquiera al ojo, recuerda la etimología clásica de la palabra «envidia», cuya raíz latina –*video*, «veo», más el prefijo privativo *in-*, que invierte su significado– significa «no ver», o «negarse a ver», negarse a reconocer algo. Fueron muchos los que durante un tiempo dieron muestras de esta sorprendente necesidad de no ver, en la mayoría de los casos en el sentido de negarse a reconocer un hecho palmario, pero a veces también en el sentido físico.

Para el telescopio galileano, que en lo esencial consistía en un tubo con dos cristales, la retina era parte del sistema óptico, y es posible, efectivamente, que ciertos usuarios inexpertos –los *profani*, como se les llamaba– no atinasen a ver nada con el aparato. Mucha gente, sobre todo entre los estudiosos, usaba gafas; el cielo podía estar parcialmente nublado; y el diámetro del ocular de Galileo, como hemos dicho más arriba, apenas medía un centímetro y medio. Para colmo, había que colocar el ojo en una posición central –lo que en este instrumento significaba muy cerca del ocular– para que la retina pudiese interpretar de manera inteligible el haz de rayos de luz incidentes. Esta posición podía resultar un tanto difícil de encontrar, sobre todo si uno se mostraba tan impaciente, escéptico o testarudo como algunos de los detractores del pisano.

La noticia del movimiento de las lunas de Júpiter sacó de quicio a ciertas personas que se negaron a creer que Galileo hubiese divisado semejante disparate. «Debo hacer referencia a una severa objeción que me han dirigido todos los astrólogos y muchos de los médicos», escribió en la primavera de 1610 un filántropo napolitano a un sabio de Padua. «Estas gentes dicen que añadir tantos planetas nuevos a los que ya se conocen conllevará necesariamente la ruina de la astrología y la destrucción de casi toda la medicina por cuanto la distribución de las casas del zodiaco, la dignidad esencial de sus signos, la naturaleza de las estrellas fijas, los registros de los cronistas siderales, el gobierno de las edades de los hombres, los meses de gestación del embrión, oh, todas esas mil y una cosas que dependen del orden séptuplo de los planetas serán destruidas desde sus cimientos». Al filántropo no lo convencían estas objeciones: al fin y al cabo, señaló con gracia, si la luminosidad de los objetos celestiales recién descubiertos por Galileo era la misma de siempre, ¿por qué habría de aumentar un ápice su influjo astral? Así y todo, se deja sentir el feroz resentimiento de los tradicionalistas. Lo que el ojo detectaba con el curioso «ocular de caña», o *cannocchiale*, como se llamaba en italiano, echaba por tierra «mil y una cosas» que afectaban a todas y cada una de las facetas de la vida humana. La gente no quería verlo; el invento tenía que ser un fraude.

Así pues, no tardó en suscitarse la cuestión de si Galileo podía garantizar la credibilidad o autoridad de sus observaciones telescópicas. No sólo no existía ningún sistema de validación de los experimentos a base de repetirlos, habida cuenta de que al principio nadie más disponía de un telescopio de la potencia necesaria para refrendar sus descubrimientos, sino que Galileo tampoco quería que los matemáticos –en contraposición a los príncipes– poseyeran sus instrumentos. Era todo un dilema. Naturalmente, no tardaron en proliferar los telescopios, en parte porque el invento del pisano llegó a manos de otros científicos, y en parte porque sus rivales aprendieron a fabricarlos. Pero en teoría persistía el problema de la confirmación: seis meses después de la publicación del *Mensajero de las estrellas*, los únicos testigos de la existencia de los satélites jupiterinos que Galileo podía invocar en su defensa eran el gran duque Cosimo de Medici, Giuliano de Medici –el embajador toscano a la corte de los Habsburgo en Praga– y él mismo. Una solución, planteada por Benedetto Castelli a Galileo en 1612, y que también pusieron en práctica una serie de individuos, entre ellos Ludovico Cigoli y Domenico Passignano, los pintores de Roma, que se habían hecho con un telescopio, era transformar el instrumento en una rudimentaria cámara oscura que proyectara la imagen ampliada en un trozo de papel. Por desgracia, este sistema exigía una gran cantidad de luz –la luminosidad de un telescopio es proporcional al cuadrado de su apertura–, algo que el instrumento de Galileo difícilmente podía captar. De modo que la idea de la cámara oscura, aunque resulta útil para estudiar las manchas solares, no servía para dar fe de los planetas y las estrellas. Otra posibilidad era ofrecer sesiones de observación a personalidades selectas, pero esta opción dependía tanto de las condiciones atmosféricas y de la vista y amplitud de miras de las personalidades en cuestión que las veladas adquirían un dudoso halo de sesión espiritista. Por último estaba la muy moderna opción, y puede que la más importante, del «testigo virtual» o testimonio pictórico que cualquiera pudiese consultar. Las imágenes sueltas no habrían corroborado nada ni habrían satisfecho la exigencia, típicamente barroca, de explicación del movimiento de los objetos. En cambio, los diagramas secuenciales de fases, rotaciones y movimientos de manchas solares lo tenían todo para resultar creíbles y permitían visualizar de forma dinámica el desarrollo de un fenómeno en el tiempo. En cierto sentido, eran como los fotogramas de una película. Galileo lo comprendió casi de inmediato, de ahí que en el *Mensajero de las estrellas* ofreciese grabados secuenciales comparativos de la luna en el primer y último cuarto. Estos grabados representaban el terminador como una línea nítida con el objeto de demostrar las tesis galileanas sobre la topografía lunar: el lector podía ver las mismas prominencias y depresiones iluminadas desde direcciones opuestas. El autor indicaba minuciosamente los puntos brillantes que caían justo dentro de la zona de sombra, puntos que identificaba como montañas, con lo cual se hacía difícil refutar sus pruebas.

(Había otra solución al problema de la validación pero Galileo nunca se interesó mucho por ella. Consistía en organizar sesiones públicas para que personas de integridad absolutamente irreprochable llevasen a cabo observaciones imparciales, como las que Kepler organizó en Praga en septiembre de 1610. A lo largo de varias noches, y sirviéndose del telescopio que Galileo había enviado al elector de Sajonia, el astrónomo alemán y otras tres personalidades ilustres confirmaron la existencia de los satélites de Júpiter.)

Los dibujos en aguada que hizo Galileo de la luna, en los que luego basaría sus grabados, son objeto de perpetua fascinación. Nunca se había hecho nada igual. Abundaban las ilustraciones botánicas y zoológicas, pero hasta entonces no se había cumplido la condición necesaria para la ilustración astronómica, a saber: ser capaz de ver el motivo a representar. Uno se imagina cómo debió de afanarse el astrofísico con estas pequeñas estampas lunares, teniendo en cuenta el minúsculo campo de visión de su telescopio y la necesidad de volver a enfocar constantemente la vista en una hoja de papel; pero el logro constituyó el nacimiento de una disciplina

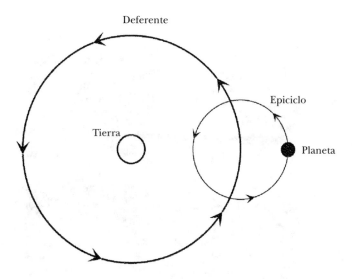

Deferente

Epiciclo

Tierra

Planeta

Deferentes y epiciclos.

Los astrónomos aristotélicos postulaban la existencia de deferentes y epiciclos para explicar el movimiento retrógrado de los planetas.

de extraordinaria importancia como es la representación astronómica. Hasta hace poco sólo se conocía la existencia de siete de estos dibujos, todos ellos en sepia, seis en una hoja y uno en otra. Es probable que primero se esbozasen con tiza y luego se completasen con una sucesión de trazos de aguada. Las marcas de tiza se borraban posteriormente con *mollica*, miga de pan amasada. Como cabría esperar de quien poseía un mínimo de formación artística, Galileo hizo gala en estas estampas, que no podrían ser más delicadas teniendo en cuenta las circunstancias en que se ejecutaron, de una consumada habilidad para captar las proporciones de los accidentes geológicos de nuestro satélite. Sin embargo, en los posteriores grabados en cobre del *Mensajero de las estrellas*, en cuya elaboración parece ser que el pisano participó en gran medida, se alteraron deliberadamente esas proporciones. En concreto, varios especialistas han reparado en el aumento de un cráter, tal vez

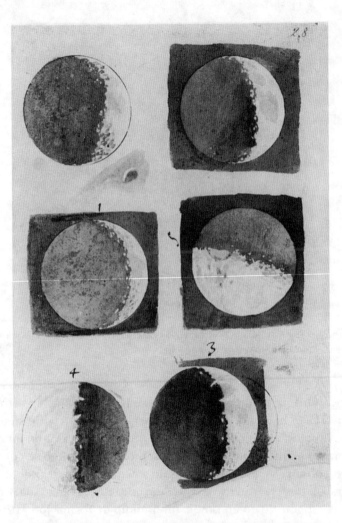

Las ilustraciones en aguada de la luna, obra de Galileo
(diciembre de 1609).

Albatenius, con el fin de demostrar la existencia en la superficie
lunar de depresiones análogas a las terrestres (Galileo tenía en mente el valle de Bohemia). A mediados de marzo de 1611, el astrofísico escribió a Cosimo de Medici que tenía previsto publicar una

versión de lujo del libro con ilustraciones de la luna en todas sus fases. El proyecto nunca vio la luz.

En fechas relativamente recientes se han descubierto más cosas acerca de estos dibujos. Basándose en una libración de nueve grados medidos en vertical desde Albatenius, Gugliemo Righini estableció en 1975 que Galileo dibujó el primer y último cuarto de la luna el 3 y el 18 de diciembre de 1609 respectivamente. Las libraciones son oscilaciones lunares relativas a la Tierra que hacen que un dieciocho por ciento de la cara del satélite resulte alternativamente visible e invisible, y que un nueve por ciento de su superficie sea visible en todo momento; se deben por un lado a la ligera falta de sincronía entre la rotación de la luna y su traslación alrededor de la Tierra, y por otro a la atracción gravitatoria de otros cuerpos. Y aún se produciría otro descubrimiento. El 27 de marzo de 2007, el periódico milanés *Corriere della Sera* reveló que en una primera edición del *Mensajero de las estrellas* que acababa de aparecer en el mercado de libros antiguos de Nueva York se habían encontrado cinco ilustraciones más dibujadas directamente por el propio Galileo en las páginas del volumen, con lo cual podrían tratarse de bosquejos de las estampas que pensaba incluir en la edición de lujo para Cosimo, o quizá en otra edición. Aunque estas aguadas no se han hecho públicas, las dos fotografías del *Corriere* muestran versiones de imágenes anteriores y no el comienzo, por lo que se alcanza a ver, de una lunación ilustrada por completo.

La fabulosa expansión que la cartografía lunar experimentaría en el siglo XVII nos ha dejado documentos tan informativos como bellos, pero Galileo no participó en ese proceso. El astrofísico estaba ocupado, tenía mala vista y no podía aumentar el campo de visión de su telescopio de manera convincente, de modo que se limitó a criticar con fiereza las descripciones tanto verbales cómo graficas que otros hacían de la luna, la mayor parte de las cuales le parecía deplorable. Con todo, uno sospecha que los mapas no le interesaban gran cosa: tantos detalles distraían la atención. Galileo tenía una fe profunda en el valor epistemológico de las imágenes, y sus estampas lunares, como las «cabezas ideales» de Leonardo, se aproximaban al mundo de las formas platónicas: eran la verdad hecha visible. Agrandarlas o añadirles complicaciones sólo habría servido para comprometer su integridad geométrica.

Con frecuencia, en referencias breves al personaje o en las solapas de los libros no especializados, se afirma que las observaciones telescópicas convencieron a Galileo de que la hipótesis copernicana era cierta y, de hecho, la refrendaron. Esta afirmación es, por supuesto, falsa. Ni sus observaciones demostraron que la hipótesis del astrónomo polaco era verdadera, ni Galileo se engañó jamás en este sentido. Lo que revelaron, hecho trascendental, fue que las pruebas en apoyo de la teoría heliocéntrica eran mucho más sólidas que las de la teoría geocéntrica. Galileo era muy consciente del axioma lógico conocido como ley del medio excluido, que obliga a suscribir una afirmación si se demuestra la falsedad de su contraria, y la cosmovisión aristotélica –que el pisano homologaba con demasiada facilidad a la ptolemaica– empezó a resultarle tan falsa que exploró todas las posibles vías de verificación de la única opción alternativa que tenía en cuenta. Ahora bien, por más que cada año que pasaba anduviese más cerca de confirmar esta intuición, lo cierto es que nunca llegó a dar con una demostración definitiva. Esta demostración solamente se la podría haber brindado la alteración evidente, siquiera mínima, de la posición aparente de alguna estrella en la esfera celeste, lo que habría significado que la Tierra se movía. Pero semejante prueba, como ya había afirmado Tico Brahe tras buscarla en vano en Uraniborg, en la isla danesa de Hven, con su enorme arsenal de instrumentos sin lentes, no existía, al menos de momento.

El aparente desplazamiento relativo de las estrellas, la denominada paralaje estelar, no es la única prueba de que la Tierra se mueve[*]. La luz de las estrellas también se ve afectada por el movimiento constante de nuestro planeta e incide en su superficie en un ángulo tal –la llamada «aberración de la luz»– que para poder ver

---

[*] El efecto Doppler también demuestra el movimiento de la Tierra, aunque para advertirlo hizo falta descubrir las propiedades ondulatorias de la luz, luego no viene al caso en este periodo histórico.

una estrella es necesario inclinar el telescopio en la dirección de la revolución de la Tierra. En consecuencia, cuando James Bradley midió por primera vez esta inclinación, en 1727-28, pudo inferir el movimiento terrestre. Pero el desplazamiento angular que parecen mostrar las estrellas respecto de los cuerpos cercanos mientras nuestro planeta gira alrededor del Sol ya se había considerado prueba concluyente de la teoría heliocéntrica desde Aristarco... en el caso de que alguien fuese capaz de demostrarlo. La paralaje estelar no se demostró hasta 1838, merced a Friedrich Wilhelm Bessel, un logro que también posibilitó el cálculo trigonométrico de la distancia de las estrellas más cercanas.

Es frecuente toparse con la afirmación de que el Vaticano rechazó el heliocentrismo de Galileo porque las pruebas que aportó en su favor no eran adecuadas, pero es falso. Galileo nunca dijo estar ofreciendo pruebas absolutamente concluyentes. Y el Santo Oficio, como ya hemos dicho, no rechazó en rigor sus tesis científicas, sino que se limitó a advertirle que no defendiese ideas heterodoxas... al menos hasta su condena en junio de 1633.

El estudio de la luna ayudó a Galileo a corroborar su antigua sospecha de que la observación directa de la naturaleza minaría los postulados de la filosofía natural aristotélica, pero también era contrario a las creencias religiosas y a las tradiciones folklóricas, y es de suponer que la ofensa a estas creencias y tradiciones hubo de avivar el rencor de algunos de sus adversarios. Da la casualidad que la luna, identificada en la Grecia clásica con la diosa Selene y asociada a la fertilidad femenina, había adquirido un estatus poco menos que intocable en dos ramas del pensamiento católico. Una era la teología de Santo Tomas de Aquino, en la cual la luna disfrutaba de una incorruptibilidad derivada directamente del aristotelismo. En sus «Tres artículos» concernientes al cuarto día de la creación, incluidos en el Suplemento III a la *Summa Theologica*, el aquinatense afirma que los cuerpos celestes son «seres vivos» capaces de «impartir vida», dentro de su función de agencias de un «poder inteligente». Aunque cuestionar a Santo Tomás no era en modo alguno una herejía –sus opiniones no eran artículos de fe–, la investigación lunar de

Galileo podía considerarse peligrosamente osada. No es de extrañar, pues, que en la primavera de 1611, cuando los jesuitas del Collegio Romano estudiaban el *Mensajero de las estrellas,* cuyas conclusiones en general aprobaban, hubiera dos cosas que les incomodasen: la descripción de Saturno, basada en observaciones puramente empíricas, y la imperfección de la luna. El padre Cristóforo Clavio, el eminente matemático alemán que dirigía la comisión jesuita, insistía de manera categórica en la homogeneidad de la superficie lunar, señalando que cualquier mancha se debía simplemente a una distribución desigual de tinte por su cuerpo.

La otra tradición zaherida era la pujante doctrina de la inmaculada concepción de la Virgen. Aunque aún no era ortodoxa, esta creencia gozaba de una enorme popularidad a comienzos del siglo XVII, sobre todo entre los franciscanos, cuyo santo patrón, en su *Cántico de las criaturas,* había dedicado un verso a «nuestra Hermana Luna [...] clara, preciosa y bella». En 1609 la idea fundamental de que María, al igual que Jesús y a diferencia de todos nosotros, había nacido sin pecado original estaba ya profundamente arraigada en la piedad popular (aunque la iglesia católica romana no lo convirtió en dogma hasta 1854). La idea tiene su origen en la percepción de una paradoja, a saber: que un niño, como fruto de una unión sexual, debe ser pecaminoso por naturaleza a menos que goce de la exención divina, y que sin embargo María, como madre de Dios, difícilmente podía haber sido fruto de un pecado. La cuestión dividía a los doctores de la Iglesia. San Bernardo de Clairvaux atacaba la idea de la concepción inmaculada de María por considerarla una mera superstición. Santo Tomás de Aquino sostenía que María no estaba exenta del pecado original porque Cristo era el salvador de todos los hombres, luego María también estaba necesitada de su redención, aunque concedía que el alma mariana se había limpiado de pecado un poco antes de venir al mundo. Duns Escoto, monje franciscano, argüía sutilmente que si bien estaba libre de pecado, María habría contraído el pecado original de no ser por la intervención de Cristo, lo que parecía reconciliar su naturaleza impecable con su necesidad de salvación. Durante siglos, la doctrina de la inmaculada concepción fue predicada por los franciscanos y rechazada por los dominicos, aunque los primeros se fueron imponiendo paulatinamente.

La posterior conexión iconográfica de la ausencia de pecado de María con la imagen de la luna se debe a una rama del pensamiento católico, ilustrada con numerosas y bellas obras de arte, según la cual es posible vislumbrar atisbos del porvenir en revelaciones anteriores. Esta noción de «tipos» recurrentes de comportamiento humano es un elemento esencial del pensamiento cristiano: de la misma manera que, por ejemplo, el árbol de la vida es un presagio de la cruz, la Eva anterior a la caída prefigura a María. Aunque era difícil negar el origen frívolo y probablemente pagano de la asociación simbólica de la Virgen con la luna, los dos primeros versículos de Apocalipsis 12 parecían confirmarla: «Apareció en el cielo una gran señal: una mujer vestida del sol, con la luna bajo sus pies y sobre su cabeza una corona de doce estrellas. Estaba encinta y gritaba con dolores de parto». Por este motivo, la luna, aunque no fuese objeto de culto, se vio vinculada a María en el folklore y ensalzada por el simbolismo y la pintura devota de finales del medievo y del Renacimiento. Era la *impresa* de María, su emblema heráldico, y para algunos individuos poner su perfección en entredicho equivalía prácticamente a cuestionar a la propia madre de Dios.

Con independencia de lo que pensase Galileo acerca de estas ideas –y en una carta escrita a Gallanzone Gallanzoni el 16 de julio de 1611 parece criticarlas *sotto voce*–, en su obra favorita de poesía renacentista, el *Orlando furioso* de Ludovico Ariosto, el extenso poema heroico publicado por primera vez en 1516 que citaba con frecuencia y del que poseía un ejemplar con muchísimas anotaciones, aparece un delicioso viaje lunar que presagia la refutación galileana del mito de la luna cristalina; se podría decir incluso que, de un modo parecido al de las profecías cristianas, prefigura las observaciones lunares de Galileo. El pasaje de Ariosto pretendía remedar, en clave un tanto burlesca, el ascenso a la luna del *Paradiso* dantesco (Canto II, versos 31-36), una alusión que Galileo, como gran aficionado a Dante, debía de conocer.

Dante era un estudiante muy aplicado de astronomía medieval, y en el *Paradiso* había intentado reflejar la cosmovisión de los sabios italianos de comienzos del siglo XIV. En el siguiente pasaje, mientras vemos a Beatriz y a Dante, el protagonista, ascendiendo a los cielos, el autor reseña atentamente la naturaleza física de la luna:

Pareciérame que una nube nos cubriera
brillante, densa, sólida y bruñida,
como un diamante que el Sol hiriera.

Dentro de sí nos recibió la eterna gema
como recibe el agua un rayo de luz
y sin dividirse se mantiene unida.

Curiosamente, la sustancia de la luna, sólida y a la vez semejante a una nube, aparece descrita aquí como si envolviese por completo a la pareja. Sin sacar mucha punta a las cinco cualidades que el poeta atribuye al satélite –brillantez, densidad, solidez, lustre y dureza diamantina–, podemos señalar que reflejan la doctrina tomista convencional. La «gema» representa a la propia luna, mientras que la metáfora de la luz que penetra en el agua sin descomponerla, una alusión al éxtasis de la pareja, era también un tropo habitual para la fecundación del útero de la Virgen.

Ahora bien, ¿qué piensa el alegre Ariosto de la tradicional luna aristotélica? El tema sólo se plantea porque Orlando, el héroe de su poema, como tantos otros buenos caballeros antes que él, ha perdido el juicio. En el trigésimo cuarto canto del *Furioso* nos encontramos a San Juan el Evangelista contándole a otro paladín, el duque Astolfo, que la única manera de que el pobre Orlando recobre la razón es emprendiendo juntos un viaje a la luna, la tradicional instigadora de las manías de los «lunáticos». Así pues, al caer la noche, el evangelista engancha cuatro caballos a un carro, y saltando a un círculo de fuego, que a la sazón se tenía por causante de los cometas, ponen rumbo a nuestro satélite reluciente.

La esfera pasan de aquel fuego fuerte
y de allí van al reino de la Luna.
Parece aquel lugar ser de la suerte

del claro acero que no ha mancha alguna.
Igual lo hallan casi ser, por suerte,
al globo en donde impera la Fortuna:
a este último globo de la tierra,
metiendo el mar que la rodea y cierra.

Astolfo quedó allí maravillado
en ver tan grande aquel lugar lustroso,
que tan pequeño cerco, bien mirado,
parece desde acá, si luminoso.
Y abrir los ojos bien es muy forzado,
si ver quiere la tierra y mar copioso
de allí que, como en sí de luz carece
su imagen, poco en alto se parece.

Otros ríos y lagos y campaña
son allá, que no aquestos de este mundo;
otros valles y llano, otra montaña,
otro reino, otro pueblo más jocundo,
con casas y con arte tan extraña
cual nunca el Paladín vio, según fundo:
aquí son selvas bellas principales
do cazan ninfas muchos animales.

No se paró allí Astolfo que venido
no era por mirar tan solamente.
Mas muy presto el apostol lo ha metido
en un valle fresquísimo, excelente,
do por milagro estaba reducido
o por tiempo, o fortuna, en su batalla:
en fin, lo que se pierde aquí, allá se halla.

No digo reino, a quien bien puede darlo
esta inconstante rueda, franca, exenta,
sino de lo que darnos ni tomarlo
puede acá la fortuna, si es su renta.

Mucha fama hay allí que, como tarlo
el largo tiempo come, sin más cuenta:
allí van muchos votos y loores
que envían desde acá los amadores.

Los suspiros, las lágrimas de amantes,
e inútil tiempo que se pierde en juego;
el ocio largo de hombres ignorantes,
la vana traza y pensamiento ciego.
Y los vanos deseos abundantes
que ocupan aquel valle de sosiego.
En fin, cuanto acá habéis perdido,
allá lo encontraréis muy recogido.

Entre los objetos perdidos o extraviados que el apóstol y Astolfo descubren en la luna están los hechizos femeninos, las promesas amorosas, los idilios fracasados, las amenazas, las coronas reales, los regalos y halagos prodigados a los príncipes, los planes desastrosos, las tramas de los villanos, los gestos de caridad postergados hasta la muerte del benefactor, y, por fin, un gran frasco, lleno de un «líquido fino, listo para evaporarse», que contiene el juicio perdido de Orlando. El caballero, pues, recuperará la razón. Dejando a un lado otros detalles astronómicos de Ariosto, como el hecho de que la Tierra emita tan poca luz, lo que Galileo debía de recordar en 1609 era la descripción inicial de la luna en los primeros versos que acabamos de ver, ese «disco de acero» uniforme, y la revelación subsiguiente de un cuerpo con «colinas y valles, como los nuestros pero diferentes». Uno se lo imagina sonriendo con picardía al evocar estos versos mientras calculaba la altura mínima de una montaña lunar. Y en lo que constituye un acontecimiento tan delicioso como consternador, Kepler, tras leer el *Mensajero de las estrellas*, escribió a Galileo una carta en la que describía con todo lujo de detalles antropológicos los probables atributos de una civilización lunar un tanto similar a la de Ariosto: «Poseen, por así decirlo, una especie de ciudad subterránea y habitan en numerosas cuevas». El pisano, tan sensato como siempre, no tardó en plantear una objeción:

no había visto nubes en la cara de la luna; ¿cómo podría haber vida si no había agua?

A todo esto la Iglesia católica seguía adelante, a todo ritmo, con su plan de implantar otro sistema de representación celeste, que no era científico sino imaginativo y propagandístico. La Iglesia había invertido un enorme capital intelectual en la astronomía, en parte por motivos doctrinales y calendáricos, y en parte porque ciertos clérigos, con frecuencia jesuitas, disponían del talento y educación para dedicarse a la disciplina. Aunque buena parte de este capital se dilapidó con la censura del copernicanismo en 1616 y la adhesión del Collegio Romano al sistema ticónico o geoheliocéntrico, a medida que proliferó la construcción de iglesias abovedadas y que los arquitectos y diseñadores adoptaron las mismas matemáticas que usaban los astrónomos –esto es, la geometría y trigonometría euclidianas, incluida la trigonometría esférica– se hizo posible recurrir a una rama especializada de la perspectiva para crear una ilusión de espacio celeste en la cara interna de una semiesfera o forma semejante. Así surgió la tradición de la *cupola dipinta*, o bóveda pintada, junto con todas las ambigüedades que suscitaba el *sottinsù*, la perspectiva en contrapicado.

Tanto bóvedas como planetarios se venían construyendo desde la antigüedad, y el paralelismo entre la bóveda eclesial y la semiesfera celeste –el firmamento aparente en el que divisamos las estrellas y cuyo cenit varía en función del movimiento del observador– saltaba a la vista. La circunferencia de la base de la cúpula era el equivalente metafórico del ecuador celeste de los astrónomos. Dentro del *spazio divino*, o espacio consagrado de la bóveda, competía al prelado designado al efecto, conjuntamente con el pintor y su equipo, escoger alguna forma de representar el cielo, casi siempre como epifanía extática. A comienzos del siglo XVI ya estaban apareciendo en el norte de Italia pequeñas cúpulas de este tipo, pero la primera gran bóveda pintada fue la que se construyó en 1519 en Pordenone para la catedral de Treviso. Entre 1520 y 1530 Correggio pintó en Parma la *Visión de San Juan en Patmos* para la catedral de San Juan Evangelista y la *Asunción de la Virgen* para el Duomo. La segunda en concreto, con su imagen de los cielos abriéndose a un vasto torbellino de ángeles, marcaría en lo sucesivo la pauta de los frescos cenitales, mientras que la circunferencia de las cúpulas propiamente dichas, cada vez más amplia, reflejaba un conocimiento cada vez mayor del tamaño del universo.

Muchos de los primeros techos pintados mostraban imágenes concéntricas del cielo cuya circularidad sucesiva, que recordaba a un gigantesco carrusel, guardaba una semejanza inquietante y paradójica con los diagramas del sistema solar copernicano, sobre todo cuando tenían por centro una linterna. (La linterna es la estructura cilíndrica o poliédrica de cristal que suele coronar las bóvedas.) No he encontrado ninguna prueba de que la transición que tuvo lugar en época de Galileo hacia una pintura de bóvedas caracterizada por un cierto grado de turbulencia asimétrica, patente sobre todo en la *Asunción de la Virgen* que pintó en 1625-27 Giovanni Lanfranco en la basílica romana de Sant'Andrea della Valle, denotase un propósito deliberado de abandonar esta disposición concéntrica «copernicana» (de hecho se siguió usando). La bóveda pintada, con sus ángeles, santos y querubines ingrávidos, persistiría unos tres siglos y medio como forma artística viva, desafiando la ley de la gravedad de Newton, y su morfología no seguiría una progresión lineal. Eso sí, atravesaría momentos críticos de renovación. Una figura clave de su evolución fue Ludovico Cigoli, el amigo de Galileo, un arquitecto y pintor de historia sacra cuya obra, como la de Federico Barocci y los Carraccis, anticipa rasgos fundamentales del estilo barroco.

En 1610, Cigoli contaba cincuenta y un años, cinco más que Galileo. Moriría en 1613. Debido en parte a la influencia de éste, el artista se había convencido de que el sistema copernicano era verdadero. En su opinión, todos aquéllos que persistían en abrazar la doctrina del satélite cristalino no sólo cometían un error científico, sino que ponían de manifiesto su envidia irreverente, pues la *invidia* implicaba no sólo negarse a ver lo que el genio humano había descubierto sino también lo que Dios había creado. El 18 de marzo de 1610, Cigoli, que a la sazón residía en Roma, escribió a Galileo lo siguiente:

La cúpula de Cigoli.

Fresco pintado por Ludovico Cardi Cigoli de la *Madonna Immacolata*, en la bóveda de la capilla paulina de la basílica de Santa Maria Maggiore en Roma (completado en 1612).

Tras la llegada del señor Ferdinando Martelli, me siento obligado a saludarte con estas líneas, y, tras recibir una carta desde Florencia escrita por el señor Amadori, a compartir mi inmensa alegría con quien ha llevado el telescopio a tal grado de perfección que ha sido capaz de percibir y observar cosas maravillosas en los cielos, pues leo que has pronunciado una conferencia relacionada con todo esto [una referencia al *Mensajero de las estrellas*] y has estado en Venecia para darla a imprenta. ... Da la casualidad de que he estado con el señor Cardinal del Monte [el principal mecenas de Caravaggio, patrono de otros artistas y entusiasta de la óptica] y tras abordar este asunto y leerle la carta de Amadori, dio de inmediato órdenes a uno de sus emisarios en Venecia de buscar el citado telescopio y de hacerle llegar una copia de tu libro tan pronto como salga de la imprenta.

Entre 1610 y 1612, Cigoli, que además de cartearse con Galileo experimentaba con proyecciones y perspectivas en superficies curvas, creó la *Immacolata*, un fresco soberbio en la bóveda de la capilla paulina de Santa Maria Maggiore, el principal foco de devoción mariana de Roma. Durante este periodo, el artista y su colega Domenico Passignano dedicaron parte de su tiempo a mirar por un telescopio que se habían agenciado, usando en ocasiones la imponente iglesia como observatorio desde el que contemplar los monumentos romanos, y, con el tiempo, los cuerpos celestes, e informando a Galileo de sus avistamientos. (Passignano vio las manchas solares antes que Galileo gracias a un filtro con el que se protegía la vista, y las describió como «lagos o cavernas»). La estructura de la *cupola dipinta* de Cigoli no es simplemente concéntrica sino dinámica y rotatoria por cuanto sus formas sugieren un remolino, tal vez inspirado por sus lecturas de astronomía. El único elemento estático es la Virgen inmaculada, que está de pie sobre una luna creciente llena de hoyuelos y surcos, tal y como Galileo la había dibujado. Así pues, la insolente luna de Cigoli, que parece flotar en una capilla de la anticopernicana Roma, no tiene nada de cristalina ni de aristotélica, sino que es geológicamente afín a la de Galileo, aunque no muestre ningún elemento verdadero de su geografía.

A lo largo de las últimas décadas del siglo XVI y la totalidad del XVII se construyeron y pintaron una cúpula tras otra con el objeto de inspirar la fe y el sobrecogimiento, y de ofrecer una promesa de salvación eterna. Pero si la Iglesia esperaba que estos montajes imponentes proporcionasen tranquilidad piadosa, esta esperanza se vio

La *Madonna* de Cigoli.

Dibujo lineal de la figura de la *Madonna* representada en el fresco de la capilla paulina de Santa Maria Maggiore, obra de Cigoli. Aunque aparece de pie sobre su emblema, la luna creciente, las cavidades semejantes a cráteres que salpican la superficie
del satélite constituyen una infracción de la doctrina aristotélica de la perfección
de los cuerpos celestes.

truncada por extraños problemas de perspectiva. Si las exigencias
de decoro religioso y, cada vez más, de una cierta seducción teatral
no hubiesen sido primordiales, dichos problemas se habrían podido solventar rápidamente. Pero los artistas no tardaron en percatarse de que, dada la necesidad de legibilidad visual, se trataba de

complicaciones muy difíciles de resolver, habida cuenta de que dentro de estos templos enormes los observadores eran móviles con respecto a los inmensos techos semiesféricos o poligonales, y en las soluciones que proponían empezó a traslucirse un curioso relativismo perceptivo muy parecido a algunos de los descubrimientos de Galileo. Según el pisano, nuestra percepción del movimiento estaba supeditada a una especie de relatividad toda vez que nuestras observaciones tenían lugar desde un cuerpo que también se mueve como es la Tierra; ahora, en respuesta a los problemas pictóricos, comenzó a aflorar un relativismo un tanto análogo con respecto a nuestra percepción de hemisferios de gran tamaño.

No estoy comparando dos modelos matemáticos, sino yuxtaponiendo un modelo matemático y una forma de arte de gran expresividad; no obstante, lo que aquí nos interesa analizar no son las propiedades estéticas de la bóveda pintada sino las ópticas. Y de inmediato apreciamos el problema estético, de índole socio-religiosa, que tantos quebraderos de cabeza causó a los pintores de bóvedas. Supongamos que el lector es uno de estos artistas y que su propósito es crear una decoración cenital que genere la ilusión óptica de ampliar el espacio de culto y de involucrar físicamente al fiel, de incluirlo en un momento de éxtasis preparado de antemano. En este caso, todo el diseño de la estancia, tanto el real como el ficticio, tendrá que representar un continuo sin fisuras, independientemente de dónde esté situado el observador. Esto es perfectamente viable cuando el espacio es muy pequeño, como la Stanza degli Sposi de Andrea Mantegna, en Mantua, con su pequeña bóveda de trampantojo. En cambio, cuando se trata de una cúpula de iglesia de gran tamaño inmediatamente surgen dos problemas. En primer lugar, el área total de la semiesfera es mayor que el arco subtendido por el ángulo de la visión humana, de tal forma que esté donde esté el observador, incluso en el centro, parte de la arquitectura pintada le resultará anamórfica, esto es, distorsionada, y algunas de las figuras las verá casi con toda seguridad cabeza abajo. En segundo lugar, las figuras proyectadas en la bóveda con una perspectiva exacta quedarán demasiado pequeñas como para causar un impacto psicológico y demasiado comprimidas como para dis-

EL TELESCOPIO, O EL AFÁN DE VER

tinguirse con facilidad. Los ángeles y santos más pequeños menguarán hasta el enanismo a medida que ascienden hacia el punto de fuga, que es el cenit celeste, sin que se aprecie el escorzo que los integraría en el mundo del observador. El lector, el pintor de bóvedas, es consciente de que estos efectos atentan tanto contra el decoro religioso como contra el encantamiento de los sentidos que la Contrarreforma ha venido a adoptar.

¿Cuál podría ser la solución? Los teóricos del barroco, tras dedicar innúmeras horas de reflexión a estos problemas, terminaron inventando la llamada *quadratura*, una rama de la perspectiva que se ocupa de las proyecciones geométricas en bóvedas y cúpulas (la perspectiva es un sistema de reglas de dibujo derivadas matemáticamente de la óptica geométrica). Pero toda esta labor teórica, orientada a la representación de cielos tanto concéntricos como asimétricos, afrontaba el mismo y persistente problema, a saber: el de las figuras demasiado pequeñas y demasiado comprimidas en el espacio. La respuesta de algunos pintores fue concluir, de forma intuitiva, que la composición en las bóvedas debería reflejar no el verdadero punto de vista del observador, que proyectaba el cielo pintado demasiado lejos, sino un punto de vista virtual, mucho más cercano al techo, que permitía representar figuras mucho más grandes e identificables. No obstante, comoquiera que este punto de vista rompía la ilusión de continuidad entre el espacio de la bóveda y el del observador, y sólo resultaba convincente si se contemplaba el techo desde un lugar específico, surgió la idea de usar balaustradas, enrejados y otros recursos para confinar al observador a esa posición ideal. Andrea Pozzo, uno de los principales exponentes de la *quadratura*, insertó un disco de mármol en el suelo de una iglesia jesuita, la de Sant'Ignazio di Loyola en Roma, cuyos techos él mismo había pintado, y desde ese punto de vista la ilusión, efectivamente, es impresionante; pero en cuanto uno se aleja, el vertiginoso trampantojo arquitectónico resulta mareante y amenaza con venirse abajo. Pozzo era más que consciente de este efecto, y hacia el final de sus días escribió un influyente tratado de *quadratura* en el que abogaba por un punto de vista fijo, monofocal y descentrado. Evocando lo que el historiador del arte Samuel Edgerton

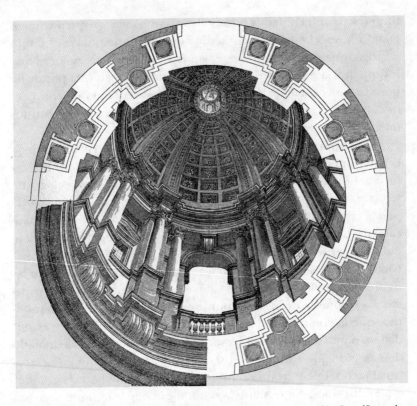

Diseño de Andrea Pozzo para la cúpula sobre el crucero de Sant'Ignazio
di Loyola en Roma (pintada hacia 1865).

Pozzo estipulaba que la bóveda sólo debía contemplarse desde el punto de vista indicado implícitamente por esta imagen, punto de vista que identificaba con la gloria divina.

denomina «la tradicional convicción medieval de que Dios difunde Su gracia por el universo con arreglo a las leyes de la óptica geométrica», Pozzo instaba a los pintores a ver el punto de fuga, o infinito, como una expresión de la gloria divina. Lamentablemente, el disco de mármol de Sant'Ignazio di Loyola simbolizaba con demasiada claridad el punto de vista doctrinal del Collegio Romano con

Imagen anamórfica realizada con ordenador de la bóveda de Pozzo vista desde un punto de vista periférico no autorizado por él.

En realidad la bóveda resulta aún más extraña de lo que muestra la imagen cuando se contempla desde debajo de su perímetro, pero hoy en día se ha oscurecido tanto que no se puede fotografiar bien. Galileo despreciaba profundamente el efecto anamórfico; de hecho, la imposición a los observadores de un punto de vista único desde el que contemplar la bóveda es una metáfora de la negativa de los jesuitas a aceptar el pensamiento copernicano.

relación al de matemáticos como Galileo y Kepler. De la misma manera que los jesuitas insistían en que la Tierra era inmóvil, así obligaban también a los observadores a contemplar el techo de la iglesia desde una única posición: en cuanto la abandonaban, se venía todo abajo. Era el símbolo visual perfecto de un gigantesco autoengaño intelectual.

Mientras tanto, algunos pintores optaban por la estrategia alternativa: imágenes difusas y disociadas que pudiesen distinguirse desde un eje móvil. El pintor Mattia Preti decidió que para disfrutar de una imagen multifocal lo mejor sería que el observador siguiese un itinerario jalonado por una serie de puntos de vista virtuales. Este enfoque también cosechó muchos adeptos: en la *Gloria de San Domingo* de Giovanni Battista Piazzetta, un ejemplo tardío en la veneciana basílica de Santi Giovanni e Paolo, se distinguen no menos de cinco estampas dispersas por el techo, todas ellas bañadas en un mismo resplandor dorado pero cada una con su propio punto de fuga.

En este reconocimiento tácito de la necesidad, bajo cualquier techo pintado al fresco, de que el observador se desplace para alinearse con múltiples ejes focales se aprecia un paralelismo con el relativismo galileano, aunque referido, por supuesto, a la óptica, no a la mecánica celeste. No obstante, si la aportación astronómica de Galileo consistió en convertir la teoría copernicana en un modelo real susceptible de validación, la cúpula barroca no representó un modelo rival –de haberlo sido, se habría parecido a una gigantesca esfera armilar tallada en piedra– sino más bien una metáfora, una especie de distracción beata, y conforme avanzaba el siglo fue echando mano sin el menor reparo de los recursos decorativos más teatrales. Hay que reconocer que hoy día las bóvedas pintadas no convencen a muchos: de todos los excesos del barroco, estos carnavales celestiales causantes de tortícolis son de los menos populares, y puede que hasta los creyentes más devotos los encuentren demasiado extravagantes para llegar al alma, que era su función original, pero son un prodigio de ingeniería, diseño y virtuosismo pictórico, y representan la respuesta más enérgica de la Iglesia –siquiera de modo tácito– a la amenaza de Copérnico y Galileo.

Los descubrimientos y ensayos de Galileo no dejaron de tener efecto. El 24 de febrero de 1616, el Santo Tribunal de la Inquisición, alarmado por la difusión de escritos que simpatizaban con la idea del movimiento terrestre, emitió un decreto en el que condenaba el copernicanismo, al que tachaba de «absurdo en lo filosófico y herético en lo formal», por contradecir las Sagradas Escrituras. El 3 de marzo del mismo año, la Congregación del Índice –la rama del

Santo Oficio responsable de la censura– declaró que dos de esas obras, las propias *Revoluciones* de Copérnico y el *Comentario al libro de Job,* del padre Diego de Zúñiga, debían «suspenderse hasta ser corregidas». Un tercer libro, la *Carta sobre la opinión de los pitagóricos y Copérnico sobre la movilidad de la Tierra y la estabilidad del Sol,* del carmelita Paolo Antonio Foscarini, quedó «prohibida y condenada». Aunque no se mencionaba a Galileo –cabe presumir que por respeto a la familia ducal toscana y por el prestigio de que gozaba entre los jesuitas–, un poco antes, el 26 de febrero, por si acaso no captaba el mensaje, ya se le había citado a la residencia del cardenal Roberto Belarmino, director de la Inquisición y el más insigne teólogo católico de su época, para imponerle un mandamiento especial. Las minutas de este encuentro revelan que Belarmino lo advirtió de que abandonase por completo el copernicanismo y se abstuviese «en lo sucesivo de sostenerlo, enseñarlo o defenderlo de cualquier forma, tanto oral como escrita»; de lo contrario, el Santo Oficio lo procesaría. «El mismo Galileo», añaden las minutas, «aceptó este mandamiento y prometió obedecerlo». A todo esto, durante buena parte de 1615 y 1616 la Inquisición había investigado al pisano por sospechoso de herejía pero el caso se desestimó por falta de pruebas fehacientes; no obstante, dado que la acusación volvió a formularse en 1633, enseguida la examinaremos.

Repasar infructuosamente todos los documentos relativos a la relación de Galileo con la Iglesia en busca de algún texto en el que se discuta el copernicanismo de manera sustancial supone un verdadero suplicio. Más revelador, aunque tampoco muy sustancial que digamos, es el duelo verbal implícito que libraron Belarmino y Galileo durante la investigación de que fue objeto el astrofísico. En general se considera a San Roberto Belarmino –canonizado en 1930– el paladín más brillante de la Contrarreforma. Hombre minúsculo, gentil y de modales impecables, suya era la que el Vaticano consideraba refutación definitiva de la herejía protestante, los varios volúmenes de las *Discusiones sobre las controversias de la fe cristiana* (1581-93), cuyos minuciosos argumentos merecían el respeto incluso de sus adversarios. Belarmino había dictado clases en Lovaina, prácticamente en primera línea de combate de las guerras religiosas, y había condenado de manera elocuente el Juramento de Obediencia anti-papal del monarca inglés Jaime I. Como cardenal jesuita, había formado parte del tribunal que condenó a la hoguera a Giordano Bruno –el librepensador fue ajusticiado en 1600, en el romano Campo dei Fiori–, aunque más tarde confesaría estar atormentado por los remordimientos derivados de la negativa de Bruno a arrepentirse y recibir los últimos ritos. En 1616 Belarmino había cumplido ya los setenta años de edad, y aunque teóricamente se debía a las «reglas de estudio» jesuíticas, que seguían rigurosamente los preceptos tomistas, su teología se ceñía mucho más al significado literal de las Escrituras que a la interpretación de Aquino, un grave infortunio para Galileo.

En una carta escrita el 12 de abril al fraile Antonio Foscarini para instarlo a abjurar de su heliocentrismo, Belarmino aludía expresamente a Galileo. En el tercer punto de su minuciosa misiva, se leía lo siguiente:

Afirmo que siempre que se obtenga una demostración verdadera según la cual el Sol esté situado en el centro del mundo y la Tierra en el tercer cielo, y el primero no rote alrededor de la segunda sino viceversa, sería necesario proceder con suma cautela a la hora de interpretar las Escrituras, que parecen manifestar lo contrario, y sería mejor decir que no las entendemos, antes que declarar que ha quedado demostrada su falsedad. Ahora bien, no creo que exista tal demostración, pues no se me ha dado a conocer. Una cosa es que la posición del Sol en el centro y de la Tierra en los cielos pueda cuadrar con nuestros cálculos astronómicos, y otra bien distinta es demostrar que el Sol de veras está en el centro y la Tierra de veras está en los cielos. La primera demostración, creo yo, puede lograrse, pero tengo enormes dudas en cuanto a la segunda. Y en caso de duda no se debería abandonar la interpretación de las Sagradas Escrituras que hicieran los Santos Padres.

La silenciosa respuesta de Galileo a este argumento fue un feroz memorando que hoy conocemos por el título de «Consideraciones sobre la opinión copernicana» en el que explicaba que ni el astrónomo polaco ni él tenían al sistema heliocéntrico por un supuesto sino por una realidad objetiva más que probable. Por suerte para el pisano, el texto nunca fue más allá de las manos del príncipe Cesi, que al parecer le aconsejó no remitirlo a la máxima autoridad inquisitorial.

Las palabras de Belarmino merecen un análisis detenido. En otro escrito el clérigo había señalado que rechazar el mensaje equivale a rechazar al emisor, que en el caso de las Escrituras es Dios; hasta ahí todo en orden: es posible seguir su razonamiento. A esta autoridad divina Belarmino agrega la de los Santos Padres, aduciendo que la Iglesia como institución es infalible, lo cual ya es ir demasiado lejos; pero todavía se puede seguir su línea argumental: al fin y al cabo, el cardenal representa a la Contrarreforma, asediada por diversos frentes. Pero lo que viene a continuación resulta fascinante. Belarmino establece una distinción intachable entre la astronomía hipotética o matemática y la astronomía física, como si estuviese versado de sobra en estos temas, y se declara dispuesto a aceptar un copernicanismo puramente hipotético. Ahora bien, ¿qué ocurriría si alguien como Galileo insistiese en que el Sol, como cuerpo físico, ocupa realmente el centro del universo? Aquí empiezan los problemas. Si se le ofreciese una demostración sólida, declara Belarmino, se vería obligado a reinterpretar las Escrituras; pero ¿de veras es posible ofrecer una demostración sólida? Lo duda mucho, y como siempre que se halla en duda, confía en las Escrituras tal y como las interpretaron los Padres. Se trata de un sofismo circular que, como dice el filósofo italiano Guido Morpurgo-Tagliabue, «bajo la pluma del cardenal Belarmino pone de manifiesto que para mandar no es necesario razonar; es más, se pierde el hábito». Esta carta del por lo demás inteligentísimo Belarmino, que es lo más cerca que jamás estuvo la Iglesia de un argumento racional dirigido específicamente a Galileo, no parece ser más que una orden afable.

Si continuamos la búsqueda, descubrimos que unos pocos años después, en 1619, Galileo se vio envuelto en una controversia con Orazio Grassi, padre jesuita y posteriormente arquitecto de Sant'Ignazio, a propósito del origen de los cometas, que según Grassi constituía un error fatídico del sistema copernicano. Aunque la discusión resulta prácticamente imposible de seguir, el jesuita carecía de formación científica, no representaba al Vaticano y no acusaba al astrofísico de ninguna desviación teológica.

A continuación tenemos el caso Ingoli. Animado por la elección en 1623 al trono pontificio de su viejo amigo el poeta y humanista Maffeo Barberini, Galileo decidió responder al año siguiente a la breve carta que en 1616 le había remitido en forma de ensayo un clérigo llamado Francesco Ingoli bajo el título «De situ et quiete térrea» («Sobre la posición y estabilidad de la Tierra»). Ingoli acababa de incorporarse a la dirección del Propaganda Fidei, el instituto vaticano para la propagación de la fe, pero sus opiniones no representaban formalmente, ni en 1616 ni en 1624, las de la Iglesia católica; de hecho, hay motivos más que sobrados para sospechar que el nuevo papa animó a Galileo a rebatir a Ingoli. Aunque erróneos en su totalidad, los argumentos que el clérigo articulara ocho años antes contra Copérnico eran serios y meditados, y Galileo, dejando a un lado toda cuestión teológica, refutó cortésmente todas y cada una de las afirmaciones astronómicas en una larga y contundente réplica conocida como «Respuesta a Ingoli». Entre otros errores, el sacerdote había entendido mal el cálculo de la paralaje; se le había metido en la cabeza que el centro de un círculo era el punto más lejano dentro de su perímetro de cualquier punto de éste, lo cual Galileo rebatió con una demostración geométrica; y creía que la Tierra debía estar por fuerza en el centro del universo porque «los cuerpos simples más densos y pesados [ocupan] los lugares inferiores», un aserto que, al usar la palabra «inferior», da por hecho que la cuestión ha quedado demostrada. «¿De dónde saca la idea», preguntó Galileo a Ingoli, «de que el globo terrestre es tan pesado? ... Para mí –y entiendo que también para la naturaleza–, el peso es esa tendencia innata de todo cuerpo a resistir que se le mueva de su lugar natural y en virtud de la cual regresa espontáneamente al mismo cuando se le traslada a la fuerza». Ingoli había planteado varias objeciones más, de mayor sofisticación, que Galileo abordaría posteriormente en el *Diálogo*, y aunque el clérigo habla a título personal y no en nombre del Vaticano, su carta-ensayo es lo más cerca que estuvo la Iglesia, antes de 1633, de entablar un diálogo sustancial con la astronomía galileana. Ojalá hubiese más ejemplos; debería haberlos, pero por increíble que parezca, eso es todo.

La disputa de Galileo con Orazio Grassi, que seguía su curso, le llevó a publicar en 1624 *El ensayador*, su célebre y hermoso ensayo sobre el enfoque científico moderno. En el momento de salir a imprenta, la Academia de los Linces rediseñó la primera página para incluir una dedicatoria al nuevo papa, que leyó el libro entusiasmado pero no por ello dejó de percibir el engañoso ataque del autor a la idea copernicana del «tercer movimiento» de la Tierra, esto es, un nuevo movimiento que añadir a los de rotación y traslación mediante el cual nuestro planeta mantendría su estabilidad axial y cuya existencia refutaba el pisano. Éste, muy astuto, no dijo nada de los otros dos movimientos e introdujo «de matute» –por usar la expresión de Stillman Drake– su conformidad tácita.

Galileo había cumplido ya los sesenta años de edad. En vista de que el clima político romano parecía favorable a sus opiniones, empezó a plantearse la publicación de un gran tratado en defensa de la cosmovisión heliocéntrica, un propósito para el que contó con el estímulo de Barberini –el papa Urbano VIII–, quien esperaba se tratase de una exposición brillante de un sistema de cálculo que, pese a su interés, no había logrado desbancar a la cosmología aristotélica oficialmente reconocida. Galileo se pensó que su libro debía demostrar al mundo civilizado que la Italia católica estaba perfectamente al día en cuanto a los últimos descubrimientos matemáticos pero había rehusado adoptar el heliocentrismo debido a sus deficiencias científicas y teológicas. Tal vez no llegó a entender cabalmente las expectativas del papa, o quizá terminó olvidando el propósito original de su empresa. En cierto modo, era comprensible: al fin y al cabo, las «correcciones» de la Inquisición a las *Revoluciones* de Copérnico, impuestas en 1620, apenas se limitaban a trece pasajes donde el polaco no había especificado que el sistema era una mera suposición (y muchos ejemplares de esa época, inclusive el de la mismísima biblioteca del Collegio Romano, no muestran enmienda alguna). Además, se contaba que el papa se había reído a carcajadas mientras Ciampoli amenizaba sus cenas leyéndole *El ensayador*, que se burlaba abiertamente de los jesuitas. Así pues, Galileo empezó lentamente a trabajar en el gigantesco manuscrito autoincriminatorio que habría de convertirse en el *Diálogo sobre los dos principales sistemas del mundo*; tras muchos e intermitentes esfuerzos, el libro salió finalmente a la venta en Roma en mayo de 1632.

En el verano de ese mismo año la Inquisición ya estaba investigando de nuevo a Galileo, en esta ocasión alegando dos motivos que se convirtieron en los dos cargos implícitos de una acusación no escrita. El primero era que había engañado al Vaticano para obtener el permiso de publicación del *Diálogo*, tema al que volveremos más adelante. El segundo era que el nuevo libro defendía el copernicanismo, lo cual, como hemos visto, estaba tipificado como delito desde 1616. Considerando, pues, que Galileo, efectivamente, había escrito el *Diálogo* para dar a entender que la tesis heliocéntrica era con toda probabilidad verdadera, y que ésta era la acusación de que era objeto, tal vez el lector moderno dé por hecho que el libro adopta una postura francamente polémica. Por ejemplo, quizá se imagine que ofrece una explicación exhaustiva del universo heliocéntrico para, acto seguido, rebatir las objeciones; o que toma el rumbo opuesto y hace trizas la cosmovisión geocéntrica, sustituyéndola de una vez por todas por la copernicana; o que yuxtapone las dos y revela cuál se ajusta mejor a los hechos tanto deductiva como empíricamente: cabe imaginar toda una serie de enfoques argumentales para el libro. Sin embargo, Galileo no adoptó ninguno de ellos, por la sencilla razón de que no le habrían interesado, ni habrían tenido mucho sentido en aquella segunda década del siglo XVII.

La fórmula escogida por el astrofísico fue el diálogo, y la lengua, el italiano de la región y no el latín, el idioma internacional de la ciencia, por tres razones de peso. En primer lugar, porque al exhibir su talento literario, confiaba en llegar a un público más amplio al que cautivar y entretener. En segundo lugar, porque podía poner sus argumentos científicos en boca de personajes de ficción y tal vez así librarse, llegado el caso, de la responsabilidad de haberlos formulado. Por último, porque al adoptar una forma modificada del diálogo platónico podía desplegar una variante del método aristotélico, una modalidad de docencia conversacional que aprovecha el propio raciocinio del oponente para convencerlo de la validez de una idea determinada. Parece ser que Galileo, al igual que Platón, estaba convencido de que las formas matemáticas del mundo y las de la mente humana eran reflejo unas de otras. La inteligencia humana, cuando se honra como es debido, consiste en la búsqueda de las formas geométricas más sencillas y hermosas capaces de explicar los hechos empíricos, y como sostenía Sócrates en uno de los diálogos platónicos, los seres humanos poseemos esas formas en algún rincón de nuestra memoria. La verdadera filosofía consiste en recordar lo que, en el fondo, no es sino conocimiento innato. En este sentido, la discusión con quienes creen en el universo geocéntrico es en rigor un intento por inducirlos a recordar lo que saben por intuición pero han olvidado. El momento más emotivo del *Diálogo* tiene lugar cuando Salviati, el defensor del copernicanismo, logra extraer de Simplicio, su rival y exponente del aristotelismo, una noción que llevaba mucho tiempo enterrada en lo más hondo de su mente, casi como un sueño: que la Tierra gira alrededor del Sol.

No obstante, el dramático vaivén de la conversación está entreverado con otro de los propósitos del autor –eliminar ciertas objeciones que se le han hecho– pues además del método socrático, socarrón y provocador, Galileo recurre a un buen número de derechazos a la mandíbula. De hecho, con tanto intercambio de golpes cuasi periodístico, el lector contemporáneo corre peligro, en los primeros compases, de perder el hilo. Así, nos encontramos a los personajes de Galileo abordando la cuestión de por qué no se quedan rezagadas las bandadas de pájaros si el mundo gira; el problema nos hace sonreír pero más vale pasar página sin dilación, pues es probable que haya dejado perplejos a muchos lectores perfectamente sensatos. El resultado de estos enredos e imbricaciones es una obra extensa y divertida pero muy difícil que no sería oportuno exponer aquí, y menos aún en la forma en que se escribió. Algunos de sus argumentos son falaces, como ya señalaron en la década de 1630 una serie de lectores, entre ellos Fermat; pero sirvió para revelar, siquiera a trancas y barrancas, la filosofía científica de su autor.

Es un hecho tan curioso como cierto que en ocasiones uno descubre aspectos harto reveladores de la metodología galileana a base de reparar no en lo que hacía sino en lo que dejaba de hacer. Por ejemplo, se diría que lo lógico sería que usase las observaciones telescópicas como piedra angular de sus argumentos. Pero no lo hace, y con motivo. Las observaciones más importantes, como las de las fases de Venus, son compatibles con el sistema ticónico y si se presentasen de manera secuencial, como deberían presentarse, correrían el riesgo de verse desechadas también de manera secuencial. El *Diálogo* trata de ofrecer a los lectores una nueva imagen del mundo, algo que exige un cambio de hábitos mentales, de modo que Galileo se abstiene de ofrecerles una serie de datos empíricos, por muy asombrosos que sean. Por encima de todo, lo que el astrofísico pretende es convencer a sus lectores de que las matemáticas no son una tarea intelectual simple e insignificante, análoga, en el mejor de los casos, a las mediciones y cálculos que lleva a cabo un carpintero al construir una casa o reparar una barca, tal como muchos filósofos pensaban a la sazón. Simplicio, el interlocutor aristotélico, es objeto de constantes reprimendas por su torpeza matemática a la hora de abordar diversos problemas de física que exigen expresión geométrica. Ni qué decir tiene que hoy día los esfuerzos por conceptualizar problemas de masa y velocidad en términos de geometría euclidiana, aun ingeniosos, nos resultan arcaicos, pero esto no resta valor a las perspicaces observaciones de Galileo. Para el autor del *Diálogo*, la experiencia es una trampa mental a menos que se encuadre dentro de un marco de referencia más amplio: al fin y al cabo, el horizonte divide los cielos en dos, una experiencia que debería colocarnos en el centro de todas las cosas, pero no lo hace. Galileo es consciente de que prácticamente todos los adelantos astronómicos de los últimos cien años han atentado contra el sentido común. De hecho, algunas de sus leyes más importantes, como la ley de la caída, no pueden verificarse. Pero lo que para los aristotélicos, en palabras de William R. Shea, «constituye una barrera infranqueable, para Galileo no es más que la prueba de que las fronteras de la ciencia no coinciden con las de la experiencia». La ley de la caída sólo se puede validar mediante un experimento imaginario, pero el comportamiento de los objetos que caen en el mundo real sólo se puede explicar mediante la ley de la caída. «Podemos, es más: debemos, trascender la experiencia sensorial; pero esto presupone la convicción filosófica de que lo real viene descrito por lo ideal, y lo físico por lo matemático». Aquí nos hallamos, huelga decirlo, en el umbral de un problema filosófico –cómo afirmar legítimamente que se ha demostrado algo– que rebasa los límites de este libro. Como mucho añadiré que los especialistas también han debatido si la «convicción» galileana bebía principalmente de Platón, de una especie de estética cuasi matemática, de su fe cristiana, o –lo más probable– de una delicada mezcla de esos tres elementos.

A comienzos del siglo XVI, Dante consiguió fusionar la astronomía y la teología en *La divina comedia*. Su sistema, objeto de dos conferencias pronunciadas ante la Academia Florentina por un jovencísimo Galileo, consistía en esferas concéntricas dentro de las cuales el infierno podría describirse de manera elegante como una serie de secciones cónicas. Galileo, que adoraba la obra dantesca, no la leía como ciencia –más adelante retomaré este asunto–, pero la visión moral del Poeta Supremo estaba tan arraigada en la imaginación de la mayoría de las personas instruidas que les era imposible no adoptarla también como descripción del cosmos. Y esta cosmología, deudora en gran medida de la de Aristóteles y Santo Tomás de Aquino, concebía el mundo como una especie de herramienta colosal para la educación y guía de la humanidad. El zodiaco, por ejemplo, estaba relativamente próximo a los hombres y mujeres y gobernaba sus destinos a instancias de Dios, como una suerte de operador divino. ¿Acaso los copernicanos no situaban las estrellas a una inmensa distancia de Saturno, el planeta más lejano a la sazón conocido? Galileo muestra la aprensión de su personaje aristotélico ante la idea de ese espacio intermedio vacío. «Cuando contemplamos la hermosa armonía que guardan los planetas», razona Simplicio, «[...] ¿con qué fin habría de interponerse entre la más elevada de sus órbitas –esto es, la de Saturno– y la esfera estelar una inmensidad vacía de todo elemento, superflua e inútil? ¿Para uso y conveniencia de quién?». A semejante distancia las estrellas no cumplirían ninguna función terrenal. Aunque la Tierra es un escenario de corrupción, permanece en el centro de todas las cosas, y el universo existe única y exclusivamente para la salvación de nuestras almas.

Todo el mundo se ha visto alguna vez incapaz, en cualquier área de la actividad humana, desde el plegado de un mapa hasta el ajedrez o la mecánica automovilística, de resolver un problema espacial hasta que de repente, al renunciar a un enfoque que no llevaba a ninguna parte y sustituirlo por una intuición súbita y novedosa, ha dado con la solución. Galileo había observado que el hábito arraigado de imaginarse la Tierra como ente inmóvil dificultaba la comprensión del razonamiento copernicano incluso a los oyentes más receptivos, que tenían grabada en el cerebro lo que Shea ha denominado una «representación gráfica» falsa de los cielos en la cual el observador seguía visualizando su punto de vista como algo estático. Desde el punto de vista filosófico, esta representación procedía de Aristóteles y Ptolomeo; desde el psicológico, de Dante. Por ejemplo, según esta concepción, planetas como Marte y Venus parecían en determinados momentos del año invertir su trayectoria en relación a las estrellas, un fenómeno que el sistema ptolemaico explicaba asignando a los planetas epiciclos como si fuesen pequeñas marchas; el aparente movimiento retrógrado podía quedar así explicado, pero la causa de sus revoluciones por el espacio vacío seguía sin estar clara. En lugar de todo este galimatías, Salviati, el portavoz copernicano de Galileo, insta al lector a pensar en otros términos y mudar de representación gráfica. Sólo con que se olvidase por un momento de mirar la esfera celeste desde tierra firme y se situase en un punto del planeta móvil, entendería por qué Marte, que gira alrededor del Sol más despacio que la Tierra, y Venus, que lo hace más deprisa, parecen en determinadas ocasiones desplazarse marcha atrás.

El protagonista del *Diálogo* hace trizas, uno por uno, los consabidos argumentos aristotélicos de la época. Una objeción que se hacía a la rotación de la Tierra es que, si fuese cierta, un proyectil disparado hacia el oeste llegaría más lejos que uno disparado hacia el este. Salviati no está de acuerdo y propone un experimento mental. Ármese una ballesta en un carro y dispárese una flecha, primero en la dirección en que se mueve el carro, y luego en la contraria; dos son los resultados posibles: que el movimiento favorezca a la flecha o que la obstaculice. Pongamos que la flecha recorriese cuatrocientos metros cuando se dispara en el sentido del carro pero apenas doscientos en la dirección opuesta. Si concedemos, a efectos de la discusión, que el carro recorre cien metros durante el vuelo de la flecha, en ambos casos ésta aterrizará a trescientos metros de la nueva posición del carro. Lo mismo ocurre con cualquier proyectil disparado en la superficie de un planeta en movimiento, esto es: que aterriza a la misma distancia del punto desde el que se lanzó.

El propósito de Galileo en el *Diálogo*, tal como él mismo manifestó, era purgar el mundo del sistema ptolemaico con un medicamento destilado del copernicano. Sin embargo, nunca encontró la panacea, la demostración definitiva que buscaba. Por un momento pareció haberla hallado en un ingenio existente en la basílica de San Petronio, en Bolonia. El sistema combinaba una mirilla practicada en un muro exterior y una línea de mármol engastada en el pavimento interior en sentido norte-sur, y permitía apreciar que la imagen del Sol, al atravesar la mirilla e incidir en la línea meridiana, había alterado ligeramente su posición en determinados momentos a lo largo de los últimos años. El «instrumento» de medición, la basílica, no era totalmente fiable por cuanto podría haberse desplazado –por ejemplo, a resultas de un ligero hundimiento del terreno–, pero Galileo ideó una fórmula geométrica para detectar esa posibilidad y compensarla. Lo que le interesaba como copernicano era un leve indicio de descenso en la llamada oblicuidad de la elíptica, lo cual indicaría cierto movimiento en el eje polar en relación a las estrellas: este descenso desplazaría inevitablemente la imagen de sol proyectada sobre la línea meridiana un poquito hacia el sur. Pero las mediciones no fueron fructíferas y Galileo, además, no tenía conocimiento del «bamboleo» del eje terrestre, un fenómeno real, con lo cual se limitó a mencionar la línea meridiana de pasada, manifestando que tenía grandes esperanzas de que, en un futuro, los datos recabados en San Petronio pudiesen resultar más fiables.

Galileo terminó basándose en gran medida en una teoría solar de las mareas. Hay pruebas de que la dinámica de fluidos venía ocupando buena parte de sus pensamientos desde las largas discusiones que mantuviera a mediados de la década de 1590 con sus amigos Giovanfrancesco Sagredo y Fra Paolo Sarpi en Venecia, una ciudad rebosante de agua. Ahora, en el *Diálogo*, el anciano científico formuló una teoría coherente de las mareas que, en lo fundamental, tenía que ver con los «dos movimientos» de la Tierra, el de rotación sobre su propio eje y el de traslación alrededor del Sol. Con el fin de visualizar la acción de las mareas, ideó un modelo mental extraordinariamente brillante que, sin embargo, carecía de la notación matemática necesaria –como mínimo, la geometría analítica y el álgebra, aunque a la larga también habría necesitado del cálculo– para abordar el problema. Es como si estuviese usando un metalenguaje, el italiano, para referirse a un lenguaje matemático que aún no se había inventado. Sea como fuere, los científicos no tardaron en advertir que su modelo no era lo bastante análogo al verdadero comportamiento de los océanos en el globo terrestre.

Galileo se había negado desde un principio a considerar la idea de que las mareas pudiesen deberse a la acción gravitatoria que la luna ejercía sobre el mar (que, como sabemos, es la verdadera causa, junto con un efecto más atenuado de origen solar). Aunque la negativa puede resultarnos excéntrica, no debemos olvidar, como señala Shea, que «la idea de la gravitación o atracción se enmarcaba dentro de una filosofía que concedía enorme importancia a las simpatías y antipatías, a las fuerzas ocultas y a las afinidades misteriosas», y que Galileo «se había zafado de ese universo discursivo y estaba claramente en contra de él». Ya hemos visto que para muchos italianos católicos de la época la luna tenía una especie de aura mágica; Galileo prefirió desechar la magia y aventurar una explicación más verosímil de las mareas.

En cualquier caso, la razón por la que el Santo Oficio lo citó a declarar en Roma en otoño de 1632 no tenía nada que ver con la verdad o falsedad de esa teoría ni de ninguna de las que formuló en el *Diálogo*. Ni a la Inquisición ni al pontífice les importaba la veracidad sino la obediencia. En 1616 se había promulgado un edicto contra el copernicanismo. ¿Lo había desacatado Galileo? ¿Había defendido la hipótesis cosmológica ilegal? Y de ser así, ¿se le podría inducir a enmendarse y abjurar de sus creencias?

3

El juicio,
o la incapacidad
de ver

En la época en que se le citó a declarar en Roma, Galileo seguía siendo filósofo y matemático de la corte del gran duque Fernando II de Toscana. Cabe preguntarse, pues, por qué el duque no movió un solo dedo para salvar a uno de sus cortesanos más prestigiosos y mejor pagados. ¿Traición? ¿Pobreza de espíritu? Nada de eso: Fernando, que por entonces contaba veintidós años, no era pérfido ni cobarde; la brusca traición de Galileo encajaba, más bien, en un patrón ya establecido de sumisión toscana al Vaticano. En las discusiones sobre el juicio del científico rara vez se alude a su extradición, que se aceptó como algo inevitable que más valía aceptar en silencio. En realidad, fue algo realmente inevitable, pero hace falta explicar el porqué.

El gran ducado de Toscana, aunque obligado como cualquier otro pequeño principado a conducirse con suma cautela en materia de política exterior, poseía los atributos formales de un estado soberano. Aunque Florencia experimentaba a la sazón un declive político, Fernando, al menos teóricamente, era un monarca absoluto, y dada la ausencia de un concordato entre Toscana y los estados papales, la entrega de uno de los principales científicos europeos a un tribunal del Santo Oficio se antoja, en primera instancia, una decisión autodestructiva, un acto de lesa majestad suicida. Al fin y al cabo, tampoco es que el reino pontificio, cuyo territorio ocupaba una parte de la Italia central, gozase de un enorme respeto en la península; de hecho, era justamente al contrario. Despreciado por la República Veneciana y amenazado por España, que dominaba Nápoles y el sur, el estado Vaticano solía ver su labor obstaculizada, cuando no directamente ridiculizada. Venecia imponía unos límites muy severos a la jurisdicción de la Inquisición romana dentro de sus fronteras: trasladaba muchos casos de blasfemia y brujería a sus propios tribunales seculares, insistía en que todos los jueces inquisidores fuesen ciudadanos de la Serenísima República, y tendía a rechazar las denuncias y testimonios que no procediesen del Véneto. La Inquisición romana también se veía gravemente obstaculizada en Nápoles, cuyos habitantes se habían amotinado en 1547 contra la introducción de la Inquisición española, y eran muchos los rincones de la geografía transalpina donde los gobernantes seculares se inmiscuían en sus actividades. Si Galileo se hubiese quedado en Padua, en el interior de la República Veneciana, seguramente no habría caído jamás en manos de la Inquisición romana, sobre todo teniendo en cuenta de que no se le acusaba de herejía sino de «imprudencia», un delito menor.

En un primer momento, Galileo y sus aliados procuraron conseguir un cambio de jurisdicción y que el interrogatorio se llevase a cabo en la sede florentina de la Inquisición, donde sería capaz de defenderse tanto de palabra como por escrito. El astrofísico no se encontraba bien de salud: una plaga azotaba algunas provincias toscanas; tan apurado de dinero como de costumbre, le angustiaban los gastos que le supondría una detención en Roma; y no menos temible era la vaga posibilidad de verse sometido al llamado examen riguroso o tortura mediante la *corda*, una variante del potro, que en teoría se cernía sobre él en caso de determinarse que estaba ocultando pruebas. La aplicación de tormento como forma de sonsacar supuestos secretos o intenciones es una práctica antiquísima y universal. Aunque la tortura era mucho más habitual en los tribunales civiles que en los de la Inquisición romana, en este contexto religioso distaba mucho de ser insólita.

Fernando estaba perfectamente al tanto del peligro que corría el más célebre de sus súbditos, pero no hizo nada por protegerlo. Lo curioso es que el gran ducado no siempre había sido el solícito acólito de Roma. Por ejemplo, en el enfrentamiento entre Venecia y los estados papales, Toscana procuró durante mucho tiempo mantener una discreta neutralidad. En 1575, con la Contrarreforma en marcha, la llegada de tres obispos destinados a Toscana para supervisar la aplicación de las medidas acordadas en el Concilio de Trento encontró resistencia, sobre todo por parte del clero autóctono, y el gran duque reinante, de la familia Medici, disolvió una sociedad de milicianos partidarios de la Inquisición que estaban acosando a los vecinos de Siena. Lo siguiente fue la desdichada disputa entre el Vaticano y la familia Estensi, señores de Ferrara. Esta espléndida ciudad amurallada del valle del Po, famosa por sus palacios decorados con frescos y sus opíparos banquetes de estado, había causado enorme consternación al papado cuando en la década de 1550 pareció estar a punto de sucumbir al hechizo de una princesa calvinista, Renata de Francia. El Vaticano nunca perdonó a los Estensi este pequeño desliz. Los aristócratas habían auspiciado a ilustres pintores y poetas y remodelado con brillantez toda la ciudad, pero en 1598, cuando su sucesión quedó en entredicho –el típico caso de descendencia ilegítima–, el papa Clemente VIII los desalojó del trono y se apoderó de sus dominios, dando pie a un frenesí de expolios pontificios. Los intentos de Fernando I de Toscana de reinstaurar a los Estensi, a quienes estaba aliado por matrimonio, se vieron frustrados por Francia y España.

Durante la Contrarreforma, ningún principado –ni, de hecho, la inmensa mayoría de personalidades públicas de tronío– podía desentenderse de los deseos de Roma, España y Francia y vivir para contarlo. Además, el papado, si se le hacía bien la corte, era una fuente de legitimidad política; Toscana había pedido ayuda al Vaticano en 1569 para convertirse en un gran ducado. Algunos de los papas más eminentes habían sido Medici o, cuando menos, florentinos o aliados íntimos de grandes casas de la capital toscana. Por todo ello, a comienzos del siglo XVII comenzó a tomar cuerpo una actitud deferente, una especie de condescendencia que J. R. Galluzzi, el historiador toscano del siglo XVIII, calificaría de «feble conformidad» con la corte papal y «tolerancia perniciosa» para con sus maquinaciones. Las propiedades que la Iglesia poseía en régimen de manos muertas en la Toscana crecieron a pasos agigantados, y la Inquisición fisgoneaba a su antojo. Cuando en 1628 Fernando II alcanzó la mayoría de edad y asumió el poder, se encontró maniatado por convenciones restrictivas. Por ejemplo, cuando a finales de 1630 se enteró de que el inquisidor de Siena se hallaba preso por haber armado a sus sirvientes a despecho de la ley, el pobre duque, a instancias del inquisidor de Florencia, hubo de ordenar que lo pusieran el libertad. Y cuando al año siguiente el papa Urbano VIII, en un acto análogo al del derrocamiento de la familia Estensi del trono de Ferrara, anexionó formalmente Urbino a los territorios papales, Fernando, pese a ser yerno del duque de Urbino, se quedó de brazos cruzados. El bisoño soberano de Toscana no estaba en condiciones de oponerse a la extradición de Galileo.

La tarea de ayudar al atribulado científico recayó fundamentalmente en otros tres individuos. Uno era Andrea Cioli, el secretario de estado del gran duque, que desde su posición privilegiada en Florencia trató de seguir de cerca el proceso. Pero más importante fue la labor de Francesco Niccolini, el embajador toscano en la Santa Sede, y del secretario epistolar del papa –y antiguo alumno de Galileo–, monseñor Giovanni Ciampoli.

El más influyente de los tres era Niccolini. El diplomático, que frisaba ya la cincuentena, había servido de paje en la corte florentina y, pese a formarse como novicio, había renunciado a sus ambiciones eclesiásticas para casarse, en 1618, con Caterina Riccardi (los Riccardi eran una ilustre familia florentina). Tres años después fue nombrado embajador en el Vaticano, lo que le permitió dispensar una cálida acogida a Galileo durante la visita triunfal del pisano a Roma en 1623-24. Niccolini aunaba en su persona tres rasgos principales: era toscano, leal a ultranza al duque y a su patria, y receloso de la corte pontificia; era un diplomático, capaz por tanto de distinguir lo posible de lo imposible; y era un amigo de buena ley, algo que Galileo, quien en la más propicia de las circunstancias ya era un hombre difícil, no podía decir de todo el mundo.

El caso de Giovanni Ciampoli es más peliagudo. Aunque no es fácil juzgar el carácter de nadie en función de unos pocos documentos, las escasas referencias disponibles parecen indicar que Ciampoli era un hombre cuya ambición fue alejándose poco a poco de su esfera de actividad originaria para convertirse en un indefinido anhelo de poder. Había conocido a Galileo en 1608 y asistido a sus clases de matemáticas en Padua antes de ordenarse sacerdote en Roma, en 1614. Dotado de un talento lírico considerable, se unió al círculo de Maffeo Barberini, que, como ya hemos visto, era un consumado poeta. La semejanza entre los versos de Ciampoli y de Barberini está fuera de toda duda, sobre todo por ese énfasis de ambos en la naturaleza fugaz de los goces terrenales. Cualquier amante que persiga las fugitivas formas de la felicidad, escribió el futuro papa en un célebre pareado, se encontrará con un amargo fruto entre las manos; Ciampoli, aunque veía el mundo como un «teatro de maravillas», también dejó escrito que estaba «cansado de sufrir», y con ello no se refería a padecimiento personal alguno, sino a los rigores de la reclusión en un mundo sensorial. En el plano político, Ciampoli terminó ocupando un lugar capital entre el Vaticano y los jesuitas, a quienes conocía bien pero detestaba en voz baja. Tras la elección de Barberini al trono papal, el astuto sacerdote se las ingenió para convertirse no sólo en secretario epistolar del Santo Padre, sino en miembro de peso de la Academia de los Linces. Los académicos estaban a matar con la Sociedad de Jesús, y Ciampoli –que entre otros triunfos diplomáticos había conseguido mejorar las relaciones entre el papa y el cardenal Richelieu–, se afanó sin descanso en acrecentar la estima de Urbano VIII por Galileo y en reducir la influencia de los jesuitas en el Vaticano.

Fue Ciampoli quien obtuvo el imprimátur para *El ensayador* de Galileo y quien más tarde apremió al anciano astrónomo para que hiciese caso a las palabras de ánimo del papa y escribiese una obra más exhaustiva, la que a la postre daría lugar al *Diálogo*. Sus cartas a Galileo suelen ser empalagosas y lisonjeras, como si se regodease en la amistad de tan insigne personaje. A finales de 1623 redactó una carta del papa al gran duque Cosimo en la que se refería al genio pisano como su «amado hijo». Pero a pesar de tanta coba al pontífice, éste terminaría por odiarlo, y su constante estímulo a Galileo pese a la preocupación papal en torno al copernicanismo delatan la clásica irresponsabilidad del entrometido egocéntrico, del manipulador cuya percepción social es tan deficiente como peligrosa. No obstante, por suerte para las futuras generaciones, Ciampoli, al igual que Cioli y Niccolini, escribió durante el caso Galileo varias cartas repletas de información, gracias a las cuales podemos seguir el destino del científico.

Desde un primer momento, tanto el embajador Niccolini como el secretario Cioli estaban convencidos de que la inquietud de Roma acerca de Galileo era consecuencia de «una calumnia de [...] rivales envidiosos y malintencionados», sobre todo teniendo en cuenta la indiscutible condición católica del científico. Tal vez se tratase de un asunto intrascendente. Sin embargo, el 5 de septiembre de 1632 ya nos encontramos a un Niccolini muy preocupado. En una carta dirigida a Cioli le hace saber que ha hablado largo y tendido con Urbano VIII, y añade:

> Empiezo a pensar, como bien dices, que el mundo se hace añicos. Mientras Su Santidad hablaba de estos penosos asuntos ante el Santo Oficio allí reunido, montó en cólera y me dijo de repente que «nuestro Galileo se ha metido donde no lo llamaban, en cuestiones tan graves y peligrosas que más me vale no abordar en este momento». Repuse que Galileo no había publicado nada sin la aprobación de nuestros ministros y que yo mismo, con tal objeto, había obtenido el prefacio del libro y lo había enviado a la corte papal. Su Santidad replicó con la misma furia desatada, diciendo que Galileo y Ciampoli habían burlado su autoridad, y que éste último en particular le había dicho sin pudor alguno que el señor Galileo obedecería cuanto Su Santidad le ordenase y que todo estaba en orden, y que eso era todo lo que él sabía, cuando en realidad no había visto ni leído el libro.

El papa, ciego de ira, añadió que se arrepentía de haber tenido nada que ver con gente como su propio secretario epistolar y el censor vaticano, que había permitido que un libro así se le colase entre los dedos, nada de lo cual impidió al embajador suplicar, humilde pero valerosamente, a Su Santidad que dejase a Galileo defenderse, algo que a su entender era de justicia permitir; a lo que el papa respondió: «En estos temas del Santo Oficio, uno se limita a censurar y acto seguido convoca al acusado para que se retracte».

Pero Niccolini, hablando de toscano a toscano, no se rindió. «¿No le parece a Su Santidad», porfió, «que Galileo debería conocer de antemano todas las preguntas, críticas y censuras dirigidas a su obra, y qué es exactamente lo que ha molestado al Santo Oficio?». El papa estaba horrorizado. «Te repito», replicó hecho una furia, «que el Santo Oficio nunca hace nada por el estilo, ni actúa de semejante modo, ni jamás informa a nadie de antemano de tales cuestiones. ¡No se hace así y punto! ¡Y además, él sabe de sobra dónde reside el problema, pues ya lo hemos discutido con él en persona y lo ha oído de nuestros propios labios!».

Desanimado tras esta reunión, Niccolini le dijo a Cioli que, en vista de la pésima disposición que había mostrado Urbano VIII hacia Galileo, más les valía acudir a otra persona, tal vez el sobrino del papa, el cardenal Francesco Barberini. Si alguien, decía Niccolini, se enfrentaba directamente al papa, éste «le da la espalda y no muestra respeto por nadie. Lo más factible sería ganarse su voluntad con el tiempo, ir trabajándolo con mucha mano izquierda, sin crispación, y también convencer a sus ministros, según la índole del asunto en cuestión».

El diplomático había intentado disuadir delicadamente al autócrata de su tendencia a confiar en ese tipo de proceso que hoy denominamos «inquisitorial», en el que los magistrados reúnen pruebas en lugar de escuchar los testimonios de las dos partes en litigio. En vez de un proceso así, había propuesto la aplicación de las que, en realidad, eran las leyes canónicas, las mismas que un siglo y medio después se reconocerían, bajo otra forma, como derechos civiles fundamentales: el derecho del recluso a saber de qué se le acusa y el derecho a defenderse a sí mismo. Sin embargo, a lo largo de los días siguientes, Niccolini descubriría que esos derechos no tenían muchos visos de verse respetados ya que el papa estaba especialmente indignado por la intromisión del *Diálogo* en asuntos de fe, y dispuesto a remitir el caso a los teólogos de la Inquisición. La alegación más contundente del embajador, que Galileo, al fin y al cabo, era el matemático de la corte del gran duque y, como tal, digno de respeto universal, cayó en saco roto. El papa respondió que, pese a su amistad con el pisano, ya lo había advertido a propósito de estas cuestiones dieciséis años antes, y que si ahora se veía en un atolladero espantoso, el único culpable era él. Cuando Niccolini dejó caer a media voz que difícilmente podía afirmarse que Galileo se hubiese desviado de los dogmas fundamentales de la Iglesia, y que su caso sólo se había suscitado porque en esta vida todo el mundo tiene enemigos y detractores envidiosos, Urbano VII gritó «¡Basta ya!», como si sospechase que el diplomático, que solía hablar con indirectas, estuviese insinuando algo sobre su persona.

El Sumo Pontífice, qué duda cabe, estaba enojado con Galileo, pero es probable que Niccolini, Cioli y Ciampoli se preguntasen cuánto de animosidad personal había en ese enojo. Si bien era verdad que Barberini, en 1615, cuando todavía era cardenal, le había hecho saber a Galileo –por boca de Ciampoli y de otro amigo, Piero Dini, un antiguo arzobispo que ahora residía en Roma; pero muy probablemente también en persona–, que, aunque admiraba su labor científica, debería alejarse de la teología y «hablar con cautela, como un profesor de matemáticas», no es menos cierto que se escribía con el astrofísico y que habían mantenido una relación de lo más cordial. Cuando en el verano de 1623 el sobrino de Barberini, Francesco, terminó el bachillerato y obtuvo el ingreso en la Academia de los Linces, de la que Galileo era miembro, éste le había enviado una carta de felicitación que Barberini había respondido en términos más que gentiles: «[quiero manifestarte] la gran estima que siento por ti [...] y por el afecto que demuestras por mi persona y familia [...] y mi plena disposición a ayudarte en todo momento».

Ahora, en otoño de 1632, el papa estaba muy dolido por el hecho de que Galileo hubiese abrazado el copernicanismo de un modo categóricamente prohibido y de que, instigado por Ciampoli, hubiese engañado al censor vaticano. Pero tenía otro motivo de irritación, algo relacionado con el contenido del *Diálogo*. Como ya hemos mencionado, el tratado de Galileo, que posteriormente examinarían con lupa los inquisidores, no pretende demostrar que el sistema copernicano sea verdadero sino que contrapone ciertos argumentos en pro del heliocentrismo con otros favorables al geocentrismo, que termina saliendo peor parado del debate. Este esquema dialéctico permitió afirmar a Galileo, como hizo en el prefacio añadido en el último momento, que toda la obra no era más que una especie de ejercicio intelectual, una demostración de que los filósofos católicos italianos, aunque estaban al corriente de los mejores argumentos en abono del copernicanismo, al final los habían rechazado, pero sólo por «motivos brindados por la piedad, la religión, el conocimiento de la Omnipotencia Divina y la conciencia de las limitaciones de la mente humana». Por desgracia, este exordio más bien pobre se imprimió en un tipo de letra diferente del utilizado en el resto del libro, lo que delataba su condición de apéndice de última hora y acentuaba su discrepancia con todo lo expuesto en el cuerpo del diálogo, salvo con su conclusión, igual de pobre; pues en los últimos párrafos, de improviso, Simplicio, el personaje que en todo momento ha venido defendiendo con tesón la cosmología geocéntrica, expone de forma abreviada la opinión teológica del mismísimo Barberini acerca del tema, opinión que Galileo probablemente oyera de labios del propio papa alrededor de 1624. Según la concepción de Barberini, el poder de Dios para crear el mundo sólo está limitado en un sentido, a saber, el que impone la ley de la contradicción –el axioma lógico en virtud del cual ninguna proposición puede ser verdadera y a la vez falsa–; por lo demás, Dios es omnipotente. En consecuencia, dado que el Altísimo puede crear cuantos mundos quiera, no es posible afirmar con absoluta certeza que la Tierra gire alrededor del Sol. Así pues, todo el *Diálogo* queda entre paréntesis por dos párrafos que intentan, siquiera de forma débil y estrambótica, revocar todos los argumentos previamente expuestos.

Aunque se ha escrito mucho sobre esta obra, casi todos los juicios refunden –o confunden– tres temas diferentes. El primer lugar, hay quienes han afirmado que Simplicio es una caricatura literaria del papa, una opinión radical que no se sigue del sentido del texto y que implicaría que Galileo era un demente suicida. También se ha dicho que Urbano VIII sintió herido su amor propio y mortificada su vanidad al ver sus opiniones teológicas puestas en boca del bisoño y colegial Simplicio, algo que, además de cierto, es perfectamente comprensible. Por último, aunque en general la visión teológica de Barberini suele considerarse ridícula o sofística, lo cierto es que ni lo es, ni hubo de parecérselo a Galileo. Las indagaciones en cómo sabemos lo que sabemos y en la relación entre nuestro conocimiento y la omnipotencia de Dios ostentan un largo historial en la filosofía escolástica; Descartes, entre otros, se disponía a abordarlas por aquel entonces. El problema es que se trata de un asunto metafísico que, desde el punto de vista lógico, antecede a la investigación científica, luego sacarlo a relucir en materia de mecánica celeste representaba lo que hoy tildaríamos de error categorial. Cediendo a la persuasión de los otros, Galileo recurrió in extremis a este argumento para salvar el pellejo, pero el resultado fue que un error categorial se convirtió en un insulto al Vicario de Cristo.

Así pues, Maffeo Barberini, afligido en lo doctrinal y ofendido en lo personal, remitió el caso del científico pisano al Santo Oficio. El 3 de octubre Galileo recibió la noticia de que se había rechazado su petición de cambio de jurisdicción y se le ordenaba personarse en Roma urgentemente.

Sin embargo, no todo estaba perdido. El 13 de octubre, el cardenal Francesco Barberini recibió en Roma una carta cuyo insólito remitente, Galileo Galilei, tenía sobrados motivos para considerar al sobrino de Maffeo su amigo. En la misiva, de inequívoca intención congraciante, el insigne científico se quejaba amargamente del odio que le profesaban sus rivales por haberse visto «ensombrecidos» a consecuencia, explicaba con su tono característico, del «esplendor» de sus escritos científicos. Galileo ponía en conocimiento del cardenal que estos enemigos habían logrado de alguna forma convencer a la Inquisición de que suprimiese el *Diálogo*, y, lo que era aún más preocupante, que la temible institución le ordenaba comparecer ese mismo mes ante su tribunal. «Este tormento está provocando que me arrepienta de todas las horas que he dedicado a mis estudios», se lamentaba. «Y al arrepentirme de haber hecho pública parte de mi obra, podría verme llevado a eliminar y quemar cuanto resta en mi poder, satisfaciendo así el anhelo de mis enemigos, a quienes tanto irritan mis ideas». El astrofísico tenía una elevada autoestima, pero la persecución lo estaba volviendo contra sí mismo.

Francesco, un hombre afable y reflexivo que lucía bigotes y perilla puntiagudos, era todo lo contrario que su tío, de cuyas opiniones políticas disentía por sistema. Esteta por naturaleza, durante su estancia como nuncio apostólico en Avignon en la década de 1620 se había vuelto un francófilo acérrimo, y era propietario de varios cuadros del joven Nicolas Poussin. En 1625 había adquirido lo que pronto se convertiría en el Palazzo Barberini, o el Quirinal, de cuya decoración se encargó él mismo. Con ayuda de Casiano dal Pozzo, Francesco convirtió la biblioteca del palacio en una de las mejores de Roma.

Es normal, pues, que Galileo abrigase la esperanza de que esta alma sensible hiciera suya su causa, o al menos mediase con habilidad entre su atribulada persona y el papa. No parece que la carta alimentase estas expectativas, pero el cardenal dio pruebas de tolerancia, y puede que un ápice de compasión, al abstenerse –que nosotros sepamos– de revelar su contenido a la Inquisición, pues Galileo no se privó de hacer algunas afirmaciones muy extrañas e improcedentes. En lugar de acudir a Roma, se ofrecía a poner todas sus ideas por escrito, lo que redundaría en la gloria de la Única y Verdadera Iglesia; la idea en sí no tenía nada de malo, pero es que no quedaba ahí la cosa, pues acto seguido añadía que se había convencido de lo oportuno de esta decisión «al oír una declaración virtuosa y admirable de labios de una persona eminente en lo doctrinal y digna de veneración por su vida de santo, que en menos de diez palabras –enhebradas con encantadora agudeza– encerraban tanta sabiduría como la que cabe encontrar en todos los discursos de los doctores sagrados [...]. Por el momento callaré el nombre de tan admirable persona». ¿Afirmaba el astrofísico haber recibido visitas del Más Allá, o se refería al mismísimo papa? Tal vez lo mismo se preguntase el cardenal. Unos renglones más abajo de esta misma carta farragosa y melancólica a más no poder, declaraba Galileo: «Si lo que escribo no sirve para atenuar cualquier acusación que se formule en mi contra, cuando llegue el momento de plantear objeciones no dudaré en responder lo que me dicte Dios». *¿Lo que me dicte Dios?* Durante buena parte del siglo anterior, los clérigos habían usado la expresión «dictado por boca de Dios» para referirse a la Biblia. Sea como fuere, si Galileo, en un momento de descuido, aseguraba recibir revelaciones a la manera de Moisés o Pablo, el cardenal Barberini tuvo la bondad de dejarlo correr. Lo que no quitó para que le enviase la carta a su tío.

Niccolini debió de tener noticia de la carta, pues poco después escribió una nota muy perspicaz a Galileo para avisarle que no se defendiera sino que se presentase a sí mismo tal como lo veían los cardenales del Santo Oficio. «De lo contrario», le advertía, «tendrás enormes dificultades para defender tu caso, como ya les ocurriera a tantos otros antes que a ti». Y con su consabida ambigüedad de diplomático añadía: «Porque, desde el punto de vista cristiano, tampoco puedes afirmar más que lo que ellos, como supremo tribunal infalible que son, deseen». Y asumiendo un papel muy parecido al de un abogado moderno a la caza de un acuerdo con el fiscal, acudió a negociar con el papa.

«Traté de despertarle un poco de compasión por el pobre Signor Galileo», le contó a Cioli, «tan anciano y tan querido y venerado por mí, dando por hecho que Su Santidad había visto la carta [dirigida por Galileo] a su sobrino el cardenal». Y añadía Niccolini:

> Su Santidad me contestó que había visto la carta pero no podía anular la orden de comparecencia en Roma. Entonces le sugerí que se arriesgase a suspender el caso, ya fuera aquí o allí, en vista de que la edad de Galileo, unida a su inmenso malestar y pesadumbre, podría provocarle la muerte durante el viaje. Su Santidad respondió que podía venir despacio, en una litera, con todas las comodidades necesarias, porque él mismo quería examinarlo personalmente, y que Dios le perdone el error de haberse metido en tamaño enredo cuando él mismo, siendo aún cardenal, le había advertido seriamente que se mantuviese al margen.

Tras lo cual el papa volvió a emprenderla con sus bestias negras, Ciampoli y Niccolò Riccardi, el censor vaticano –que por cierto era primo de la mujer de Niccolini–, tachándolos de lacayos que trai-

cionaban a su amo con el mayor descaro. El embajador, pues, se
marchó con las manos vacías. Y en última instancia lo único que
obtuvo Galileo del sobrino vestido de púrpura fue la promesa de
acortar la cuarentena exigida en la frontera, algo que al parecer estaba dentro de su competencia.

Niccolini y Cioli preveían dos posibilidades igual de peligrosas.
La primera era que Galileo, con su arrogante fe en sí mismo y su
ceguera frente a sus propias tendencias provocadoras, agravase la
ira pontificia o agitase el avispero de la curia. La otra, más inmi-
nente, era que falleciese en el camino. El científico contaba sesenta y nueve años –aunque ellos pensaban o afirmaban que tenía setenta–, sufría terribles dolores artríticos en la cintura y las extremidades
inferiores, y estaba aquejado de problemas cardíacos, vértigo, ceguera incipiente, migrañas, una hernia y depresión crónica. Para colmo de males, la peste negra, que asolaba la Italia septentrional desde 1629, ya se había declarado en la Toscana.

La epidemia, que se manifestaba en forma de bubones y *carbo-
ni negri* –carbunclos o ronchas de color negro–, se había incubado
en condiciones bélicas. La cuestión sucesoria de Mantua y la incom-
petente interferencia del papa en la crisis habían atraído al imperio Habsburgo a Lombardía, lo que había sacado del campo a los
hombres más capaces y provocado una escasez de grano. Las ham-
brunas se vieron exacerbadas por la sequía. Al quedar los campos
en barbecho, las tropas imperiales saquearon Mantua y otras ciudades, asesinando y violando a muchos de sus habitantes. Las ciudades y pueblos que habían quedado intactas empezaron a verse
asediadas por hordas de vagabundos cochambrosos, y en los cam-
pamentos de refugiados no tardaron en propagarse las enfermedades. Cuando la pestilencia propiamente dicha, como era
inevitable, hizo su aparición –a buen seguro llevada por los indi-
sciplinados soldados alemanes–, las autoridades empezaron a ais-
lar a los enfermos, pero así y todo la Peste Negra hizo estragos en
toda Lombardía y se cobró cientos de miles de muertes. Desde allí
comenzó a desplazarse hacia el sur, en dirección al principado papal,
donde se impuso una cuarentena literal a todos los que preten-
diesen entrar en territorio pontificio. En diversos lugares de la

Toscana se impedía en ocasiones salir de casa durante largos periodos a las mujeres y niños, y a veces también a los hombres, y en ciertos días sólo se permitía entrar en Florencia a los que transportaban alimentos. Aunque la plaga nunca llegó a asolar la Toscana
como hizo en el norte, las muertes no cesaron hasta mayo de 1633,
cuando la Madonna de Impruneta, una imagen de la Virgen supues-
tamente pintada por San Lucas, se sacó en procesión desde la villa
homónima hasta Florencia*. El 17 de diciembre Galileo obtuvo tres
atestados médicos en los que se señalaba el peligro de muerte que
correría viajando a Roma, pero la Inquisición insistió en su comparecencia; al final se terminó decidiendo que viajaría en una litera cerrada y –gracias al cardenal Barberini– sólo tendría que permanecer en cuarentena dieciocho días. La exposición a la epidemia
se veía así reducida, pero dada la lamentable condición física del
científico, un viaje tan premioso representaba de suyo un riesgo
para la salud, y otro tanto cabía decir de la larga espera en la frontera de Ponte Centino. Para un anciano enfermo, el desplazamiento
forzoso de Florencia a Roma constituía en sí mismo una forma de
tortura, o cuando menos, una muestra de lo que los abogados de
hoy llamarían indiferencia depravada: incluso entonces se llegó a
cuestionar si todo el procedimiento jurídico –extradición, detención, interrogatorio– no sería más doloroso que cualquier sentencia que finalmente se dictase, una violación manifiesta del derecho
canónico. ¿Estaba Urbano VIII castigando a Galileo para vengar
su orgullo herido? Puede que así lo sospechasen Niccolini y Cioli,
aunque no lo manifestasen en sus cartas. Con todo, la palabra
que resalta en la correspondencia del embajador toscano cada vez
que evoca sus conversaciones con el papa es *aggirato*: una y otra
vez el pontífice se queja de que lo han *aggirato*, esto es, rodeado,
orillado, «puenteado». Estaba furioso, indignado, rabioso por el
hecho de que tanta gente –Galileo; el censor vaticano; el granuja

---

* Esta plaga, una de las peores que ha sufrido Italia en toda su historia,
la describe Alessandro Manzoni en un famoso pasaje del capítulo 39 de
Los novios.

de Ciampoli, su propio escribano, que había hecho causa común con una camarilla pro española de Roma que le era hostil; y sabía Dios quién más– lo hubiese orillado. En el retrato que Niccolini nos ofrece del papa vemos una imagen de poder sin carisma, de una autoridad sin ninguna gracia natural para el mando. En su calidad de político toscano despiadado, Barberini sucumbe fácilmente a la maldad –recordemos el comentario de Niccolini de que «no respeta a nadie»– pero su consternación también condice con su cargo. Como Urbano VIII, cabeza visible de la Iglesia católica y rector máximo de la Contrarreforma, le preocupa, y con razón, que bajo su mandato estalle el caos doctrinal, y no posee una idea clara de lo que está sucediendo. Aunque sus motivos sean múltiples, se trata de una situación que ningún director puede consentir y que sólo el Santo Oficio, bajo su supervisión, puede volver a controlar.

A estas alturas había algo que estaba claro: Ciampoli, que había estado conspirando en todo momento a costa de Galileo, se lo había ganado a pulso. A finales de noviembre, Benedetto Castelli, otro viejo amigo del astrofísico y a la sazón matemático del papa, le contó que Ciampoli había caído en desgracia. Castelli, monje benedictino, había sido alumno de Galileo en la universidad de Padua y se había convertido en un científico eminente por derecho propio. Con cierta candidez, le escribió a su viejo profesor que Ciampoli, «tras asombrar a toda Roma con su franqueza y sagacidad», había dejado su puesto en la ciudad por un cargo insignificante de gobernador en Montalvo della Marca. Aunque todos los amigos de Ciampoli se hallaban disgustados por el suceso, el antiguo secretario epistolar estaba comportándose estoicamente, no sólo manteniendo la cabeza bien alta sino haciendo como si jamás hubiese participado en disputa alguna. «Dueño por completo de sí mismo, está de mejor humor que nunca, se aplica en el estudio y, lo mejor de todo, muestra una reverencia irreprochable por los padres de la Iglesia, sometiéndose tranquilamente a la voluntad de Dios.» Durante una visita que le hizo a su estudio, Castelli se encontró al inveterado intrigante en un estado de absoluta calma, preocupado únicamente por el suplicio que vivía Galileo.

En cuanto al anciano científico, Castelli le dijo que dado que nunca había fallado a la Madre Iglesia en modo alguno, nada deseaban tanto sus malvados perseguidores como que llegase a Roma «para poder soliviantar al populacho ignorante y llamarlo rebelde e insubordinado». «Sólo por eso», le recomendaba Castelli, «debería guarecerse con vigor contra los rigores de la edad y las inclemencias de esta época, y prepararse para el viaje. [...] Y encomendándole a Dios, le deseo que vuelva feliz, señor, pues estoy convencido de que superará todos los obstáculos».

Galileo partió de Florencia el 20 de enero de 1633, a bordo de una litera que le facilitó el gran duque Fernando, un gasto que posteriormente se le reclamaría y tendría que abonar de su propio bolsillo. Tras someterse a la cuarentena, llegó a Roma el 13 de febrero y se instaló en Villa Medici con Francesco Niccolini y su esposa Caterina.

Si el lector conoce Roma, recordará que la Villa Medici está situada en una colina llamada el Pincio desde donde se disfruta de una vista magnífica de la ciudad. Construida para un cardenal Medici unos sesenta años antes de que Galileo llegase para afrontar su proceso, la villa no tardó en convertirse en la embajada toscana. En este edificio el científico recibió un alojamiento tan aristocrático como incómodo, pues las escaleras resultaron ser un suplicio para un anciano con un grave cuadro de artritis. Sometido a arresto domiciliario, no se le permitió abandonar los terrenos de la embajada sin escolta hasta comienzos de marzo, cuando recibió autorización para pasear por el fragante jardín situado junto a la iglesia de Santa Trinità dei Monti, en la que por lo visto nunca llegó a entrar. A veces, de pie junto a la fuente de la villa, que por aquel entonces todavía estaba rematada con un lirio florentino tallado en piedra, debía de mirar con frustración, por encima de las azoteas romanas, a la cúpula de San Pedro, aunque con lo mal que tenía la vista apenas divisaría una mancha borrosa. Quizá estuviese al tanto del deseo de Maffeo Barberini de conservar el diseño original de la fachada, obra de Miguel Ángel, y recordase la disputa del entonces cardenal con Pablo V. Evocaría, qué duda cabe, las cenas con Maffeo y sus charlas sobre poesía y filosofía, y entonces se preguntaría cómo podía haber terminado así su vieja amistad con el papa.

Aunque ese invierno Galileo dependió por completo de Francesco Niccolini, no por ello dejó de discutir a menudo con su anfitrión. Niccolini, como buen embajador, tenía la costumbre de cultivar con prudencia la amistad de todo el mundo, pero el científico adoptaba una actitud cada vez más defensiva y atrincherada: su belicosidad resultaba preocupante. Unos pocos días antes de salir de Florencia, Galileo había escrito una larga carta a su viejo amigo Elia Diodati, un erudito abogado parisino, en la que le explicaba con gran vehemencia por qué el copernicanismo no contradecía las Escrituras: teniendo en cuenta, razonaba, que la Biblia está escrita en un lenguaje accesible para las gentes más sencillas, «¿por qué tenemos que basar nuestras investigaciones en la palabra de Dios y no en Sus obras? [...] El propio Dios sucumbe [en la Biblia] a la ira, al arrepentimiento, a la mala memoria». Tomarse esa volubilidad al pie de la letra era pura herejía. «Pero yo me preguntaría si Dios, para amoldarse a la capacidad y opiniones de esas mismas gentes sencillas, ha cambiado alguna vez sus creaciones, o si la naturaleza, su ministro inexorable, impasible en lo tocante a las opiniones y deseos humanos, no ha mantenido siempre el mismo tipo de movimientos, figuras geométricas y disposiciones en los elementos del universo, con esa luna que siempre ha sido esférica».

Galileo siguió insistiendo en estas opiniones a lo largo del invierno. Y puede que tuviese razón o que estuviese equivocado, pero en lo que a Niccolini respectaba no era el momento más oportuno para semejantes disquisiciones. ¿Qué pretendía, plantearle temas de debate al tribunal de la Inquisición, como si estuviese en un seminario de la universidad de Padua? El embajador toscano pensó que sería prudente llevar a Galileo a ver a monseñor Alessandro Boccabella, un prelado que acababa de abandonar el cargo de asesor del Santo Oficio y mostraba una disposición favorable hacia el pisano; y también preguntó por el comisario general, fray Vincenzo Maculano da Firenzuola, la segunda persona después del papa que más poder tendría sobre Galileo durante el proceso, pero por desgracia Maculano, que andando el tiempo se convertiría en el principal arquitecto militar del principado, se hallaba fuera de la ciudad. A todo esto, el cardenal Barberini le ordenó a Niccolini que no dejase a nadie visitar a Galileo y que, por favor, abriese la boca lo menos posible: nada de lo que dijese podría servirle de ayuda. El embajador se mostró de acuerdo: más valía no menearlo. «Aunque con este tribunal nunca se sabe», escribió a Cioli, «no parece que por el momento hayamos de lamentar ninguna desgracia».

Galileo, abandonado a su suerte, trató de convencerse de que todo iba bien. El 19 de febrero escribió a Cioli que su caso se estaba manejando «con arreglo a un principio de tratamiento muy magnánimo y benévolo que no [tenía] absolutamente nada que ver con los temidos potros, cadenas, mazmorras, etcétera». Y con ese estilo rimbombante que adoptaba siempre que se hallaba angustiado, añadía: «Oír de boca de tantos, y ver con mis propios ojos, que no faltan personas, y muy poderosas por cierto, cuyo afecto e interés por mí y mi circunstancia no revelan sino una óptima disposición, es un motivo de consuelo». Llama la atención que la referencia a la tortura vaya inmediatamente seguida de una sintaxis tortuosa, y también que si de veras la amenaza de una *quaestio,* o «examen riguroso», se había desestimado en su caso, como sostienen ciertos historiadores, nadie se lo había hecho saber ni a él ni a Niccolini. Lo cierto es que no se había desestimado y habría de reaparecer cuatro meses después, en medio de toda la aparente benevolencia oficial, en forma de petición específica de «amenaza de tortura» cursada por el pontífice.

En los días siguientes se produjo un curioso suceso: un oficial de la Inquisición muy parlanchín que ostentaba el título de consultor, un cargo teológico, se presentó en repetidas ocasiones en la Villa Medici. Se llamaba Ludovico Serristori y aunque Niccolini pensaba que acudía «como visitante», por su cuenta y riesgo, lo cierto es que no hacía más que preguntar por el caso de Galileo, interesándose incluso por los detalles más técnicos, con lo cual el embajador concluyó que lo habían enviado para tantear al científico –para calibrar sus dotes retóricas y sopesar su capacidad de defensa– y dar parte de lo observado a sus superiores. Dicho de otro modo, Serristori era un espía, pero en la Roma de 1633 eso no quitaba ni mucho menos para que pudiese ser un espía compasivo, incluso un espía con un conflicto de lealtades. Y Galileo, desoyendo el consejo del cardenal Barberini, abrió su corazón al visitante oficioso, a quien parecía conocer de mucho antes. Así, repasaron juntos los escritos del científico, que Serristori decía admirar sobremanera. «Me parece que Serristori le ha levantado el ánimo a nuestro querido anciano», escribió un perplejo Niccolini a Cioli. «Pero enseguida vuelve con la misma cantinela, que qué extraña es toda esta persecución. Yo le digo que le manden lo que le manden, tiene que estar preparado para someterse y obedecer. Porque es la única forma de calmar la ferocidad de quienes se la tienen jurada, de quienes se toman esta causa como algo personal».

En sus cartas, Galileo y sus amigos Niccolini, Cioli, Castelli y otros aluden con frecuencia a este conciliábulo de enemigos personales a los que, según ellos, sólo mueve la envidia. Aunque nunca los nombran, pues las cartas, transmitidas por mensajeros, no eran en absoluto seguras, no cabe duda de que tenían en mente a personas concretas, y uno se pregunta quiénes serían. Galileo cita específicamente a sus antiguos valedores, los jesuitas. Entre ellos destacaban Christopher Scheiner, el astrónomo de gran talento que en 1611-13 había discutido con él a propósito de las manchas solares, aunque cabe dudar de su ascendiente sobre el Santo Oficio; el padre Orazio Grassi, que le guardaba un viejo rencor a raíz de su controversia sobre los cometas; y Melchior Inchofer, un polemista húngaro que más adelante presentaría un feroz informe contra el pisano a instancias de los inquisidores. Y naturalmente, como toda personalidad ilustre, Galileo contaba también con su pléyade de críticos y difamadores de poca monta. Con todo, el verdadero interrogante es si Niccolini y compañía no se estaban refiriendo en realidad al papa. Es evidente que Maffeo Barberini tenía motivos personales para estar resentido con Galileo, pero también tenía razones objetivas, de índole política y doctrinal, para estar preocupado por su caso. Nunca sabremos si su comportamiento habría sido otro de no haber tenido un interés personal en el asunto.

Por extraño que parezca, el gran duque Fernando, ansioso por interceder a favor de Galileo, no se dirigió al papa sino a otras instancias. Así, decidió escribir a dos cardenales, Desiderio Scaglia, un teólogo muy respetado, y Guido Bentivoglio, un refinado ferrarés cuya familia había sido propietaria durante un tiempo del Palazzo Borghese y que había sido retratado por Van Dyck, instándolos a que viesen de acelerar el juicio de su protegido por «la compasión que merece» y «el amor que le profeso». Bentivoglio tuvo la deferencia de visitar a Galileo; Scaglia no. Pero a pesar del convencimiento del pisano de que los príncipes de la Iglesia estaban de su lado, las súplicas del duque no surtieron el efecto deseado.

El motivo pudo ser el giro que dieron los acontecimientos tras la aparición de una nueva prueba. «Según tengo entendido», le contó Niccolini a Cioli a finales de febrero, «ya en 1616 Galileo recibió la orden de no comentar ni enseñar las opiniones [copernicanas], aunque él dice que no fueron ésos ni mucho menos los términos del mandamiento, sino los de "no sostenerlas ni defenderlas"». La cuestión era desconcertante y Niccolini hizo sus averiguaciones. Una cosa estaba clara y era que si la Inquisición lograba demostrar que Galileo había recibido personalmente una advertencia formal de esa índole, su infracción consciente de la misma echaría por tierra la alegación de que posteriormente le habían concedido el permiso para publicar el *Diálogo*. El Santo Oficio tendría un caso clarísimo.

He aquí las circunstancias que no tardaron en salir a la luz: todo el mundo sabía que en marzo de 1616 la Congregación del Índice había dictado un decreto contra las *Revoluciones* de Nicolás Copérnico y contra dos obras pro copernicanas, una carta del carmelita Antonio Foscarini y el *Comentario al libro de Job*, del sacerdote español Diego de Zúñiga. Las obras de Copérnico y Zúñiga recibieron la orden de «suspenderse hasta su corrección»; la de Foscarini se suprimió directamente. A Galileo, en cambio, pese a haber manifestado explícitamente su adhesión al copernicanismo en las *Cartas sobre las manchas solares*, de 1613, no se le mencionó, quizá en consideración a su patrón, el gran duque de Toscana; pero el pisano por fuerza tuvo que captar el mensaje. Naturalmente, desde el verano de 1632 el Santo Oficio tenía la firme sospecha de que Galileo había violado ese decreto al publicar el *Diálogo*; éste era el motivo por el que se le había citado a comparecer en Roma.

En fechas más recientes, la comisión especial encargada de investigar el tema había descubierto un memorando en los archivos de la Inquisición en el que se afirmaba que el 26 de febrero de 1616, en un encuentro con el cardenal Belarmino, a la sazón comisario general de la institución, Galileo había recibido un mandamiento no sólo oral sino también por escrito, algo así como una «amonestación caritativa», en el que se le conminaba a desistir en lo sucesivo de cualquier inclinación que pudiese tener por el copernicanismo. «En el palacio», declaraba el memorando, «residencia habitual del cardenal Belarmino, el susodicho Galileo fue advertido por el cardenal del error de la mencionada opinión e instado a deponerla; y posteriormente, en presencia del que suscribe [el notario], de otros testigos, y del cardenal, que seguía presente, el susodicho comisario encareció al susodicho Galileo, allí presente, que abandonase por completo la mencionada opinión, a saber, que el sol es el centro inmóvil del universo y que la Tierra se mueve; y que en lo sucesivo se abstuviese de sostenerla, impartirla o defenderla en modo alguno, ya fuera verbalmente o por escrito. De lo contrario, el Santo Oficio tomaría medidas contra él. El susodicho Galileo se avino a esta orden y prometió obedecerla».

El documento, que adolece de varias irregularidades técnicas, ha sido objeto de muchos comentarios por parte de los especialistas, incluso en las últimas décadas. Pero en 1633 se dio por auténtico y enfureció al papa, que aseguraba que Galileo se lo había ocultado. El resultado fue que el juicio cobró un cariz completamente distinto.

La reacción de Galileo a este contratiempo dejó estupefacto a Niccolini. A decir verdad, fue en este punto donde comenzaron a sobresalir el tacto y la experiencia del diplomático y donde las respectivas opiniones que los dos amigos tenían acerca del juicio se disociaron por completo y tardarían un tiempo en volver a encontrarse. Por increíble que parezca, un Galileo de lo más optimista escribió a un amigo de Florencia lo siguiente: «las múltiples y gravísimas imputaciones [contra mi persona] se han reducido a un solo punto» –se refería al mandamiento de Belarmino de 1616– «y todas las demás han cesado, con lo cual no tendré ningún problema en obtener mi puesta en libertad». Sin embargo, Niccolini, tras confesarle a Cioli que había perdido toda esperanza de acelerar el proceso, afirmó que si Galileo supiese realmente lo que más le convenía, no dudaría en actuar con *amorevolezza*, una curiosa expresión dadas las circunstancias.

Amorevolezza: la palabra, que significa cariño o afecto, revela de un plumazo el enorme abismo psicológico que mediaba entre las opiniones de Niccolini y Galileo acerca del peligro que se avecinaba. Y comoquiera que el primero conocía la corte papal mucho mejor que el segundo, también revela el abismo que mediaba entre Galileo y la Iglesia. La *amorevolezza* es un sentimiento que se suele reservar para los miembros de la familia; es lo que uno siente por su madre, o por su tío favorito, o por ese nieto que nos dedica una atención especial. La recomendación de Niccolini de aproximarse a la Inquisición con *amorevolezza*, por descabellada que pueda resultarnos, nacía de la perspicacia con que el diplomático había captado la imagen que la Iglesia tenía de Galileo. Ya desde las *Cartas sobre las manchas solares*, el científico había querido discutir con la Iglesia en calidad de creyente. Pretendía convencerla de que la naturaleza –esto es, la verdadera posición del Sol en el universo– y las Sagradas Escrituras estaban en armonía. Se podría llenar una estantería entera con todo lo que se ha escrito sobre el supuesto debate entre Galileo y la Iglesia, pero es un debate que jamás tuvo lugar. Y no tuvo lugar porque la Iglesia no debatía con personas, sobre todo con aquéllas que se habían descarriado para abrazar ideas filosóficas erróneas u osadas. Puede que Galileo buscase un combate intelectual, pero lo que la Iglesia buscaba era disciplina. El propósito de la Inquisición no era intelectual sino disciplinario, como el padre que se ve obligado a dar un escarmiento a un hijo díscolo. Y en este sentido, la disciplina, en última instancia, es un acto de amor. El estratega que Niccolini llevaba dentro se dio cuenta de que los inquisidores veían a Galileo como una especie de hijo pródigo, un católico famoso y de talento que había que devolver a toda costa al redil de la doctrina eclesiástica. Y la *amorevolezza* era la táctica idónea para ablandarlos.

Mientras tanto, el embajador, con el fin de impedir el desastre, trató de nuevo de interceder con el papa. Mencionó la edad de

Galileo, su mala salud, su prestigio en la corte toscana. Pero el papa aludió a lo lentas que eran las deliberaciones del Santo Oficio y a la temeridad del científico a la hora de expresar sus opiniones. Asimismo, en un tono misterioso, insinuó que su odiado Ciampoli estaba detrás de todo el asunto (lo que lleva a pensar en algo curioso, a saber: que el papa barruntaba una cierta conexión entre el pisano y la camarilla pro española del Vaticano con la que Ciampoli mantenía inicuas relaciones). Y lo peor de todo, Galileo había desobedecido de manera flagrante la orden escrita que el cardenal Belarmino le había entregado en 1616.

Niccolini volvió con las manos vacías, aunque esta vez al menos Urbano VIII no había perdido los estribos: algo era algo. El embajador decidió entonces probar con su sobrino, que solía mostrarse mucho más comprensivo, y efectivamente Francesco reconoció que «sentía un enorme afecto por Galileo y lo admiraba como hombre extraordinario que era», pero se apresuró a matizar que se trataba de «un tema delicado que podría introducir algún dogma fantástico en el mundo y, en especial, en Florencia, cuyos habitantes [eran] de natural tan sagaz como curioso». Además, ¿acaso olvidaba el embajador el pequeño detalle de que en las páginas del *Diálogo* se argüía con mucha más solidez a favor de la movilidad de la Tierra que de su inmovilidad? Por último, Francesco dio a entender a Niccolini que debería dar gracias por haber conseguido que el arresto de Galileo fuese en la embajada toscana y no en las mazmorras del Palazzo Pucci o del Castel Sant'Angelo.

El diplomático todavía lograría una última audiencia con el papa antes de la apertura del juicio. El encuentro tuvo lugar el 13 de marzo. En esta ocasión Niccolini anunció que el duque Fernando estaba dispuesto a redoblar su deuda con la Santa Sede si el proceso se aceleraba, pero el papa rechazó la oferta. «Que Dios perdone [a Galileo] por abordar estos asuntos», dijo, según contó Niccolini a Cioli, «y también a nuestro pequeño Ciampoli, que tanto cariño muestra por ellos y por la nueva filosofía. Galileo era mi amigo, y hemos conversado y compartido el pan varias veces en mi casa, y lamento no poder complacerlo, pero están en juego los intereses de la fe y la religión». Entonces se le ocurrió al embajador sugerir que si se permitiese a Galileo «hablar por sí mismo, podría explicarlo todo fácilmente, con el debido respeto al Santo Oficio», pero el papa respondió que «ya se le examinaría en su debido momento, y que además [había] un argumento que nunca [habían] sido capaces de responder, a saber: que Dios es omnipotente y capaz de hacer cualquier cosa; y si es omnipotente, ¿a qué pretender limitarlo con contingencias?». Huelga decir que ésta era la tesis predilecta de Barberini. Niccolini, entrando al trapo, respondió que había oído claramente decir a Galileo que «personalmente no creía en el movimiento de la Tierra, pero dado que Dios era capaz de crear el mundo de mil formas diferentes, nadie podía negar que podría haberlo creado de esa forma particular».

Ah, la diplomacia.

Pero lo malo de la diplomacia, como Niccolini sabía muy bien, era que rara vez surtía efecto con Barberini. En su calidad de soberano temporal, Urbano VIII recibía continuamente visitas de embajadores extranjeros, por lo general de estados católicos, que con frecuencia salían anonadados de los encuentros. El pontífice no escuchaba e interrumpía a sus interlocutores; o sólo se escuchaba a sí mismo, perorando sin parar horas y horas; o abroncaba a un emisario y proseguía la regañina con la siguiente visita, que se quedaba de una pieza; o rechazaba las peticiones y echaba por tierra los argumentos simplemente para alardear de pericia dialéctica. Los venecianos, con su antipatía por el papado, lo trataban como a un niño malcriado, solicitándole lo contrario de lo que anhelaban, pues estaban convencidos de que les llevaría la contraria por sistema.

Esta vez, la respuesta de Urbano VIII a Niccolini fue de irritación rayana en furia incontenible. «Nadie puede imponerle necesidad al Señor», rugió. Y el embajador, por miedo a que en un momento de descuido se le escapase una opinión herética y terminase también él frente a un tribunal de la Inquisición, optó por cambiar de tema.

El 9 de abril, apenas tres días antes de la apertura del juicio, Niccolini visitó al Cardenal Barberini para ver si sería posible que durante la celebración del proceso Galileo continuase residiendo en la embajada toscana en lugar de verse recluido en el palacio del

Santo Oficio. Tras asegurar a Francesco que la Casa Medici lo tenía en altísima estima, el embajador lamentó no ser capaz de describir en su justa viveza «el precario estado de salud del pobre y dilecto anciano», que llevaba «dos noches llorando y quejándose sin cesar de sus dolores artríticos y de sus muchos y maltrechos años, y del sufrimiento [que le causaban]», motivos todos ellos más que sobrados para que se le permitiera volver a dormir a la embajada todas las noches. Francesco lamentó no poder conceder tal petición, pero prometió que se encargaría de conseguirle al científico un alojamiento confortable en las cámaras del tesoro del Santo Oficio. Allí Galileo tendría total libertad para entrar y salir, podría ejercitarse en el patio, mezclarse con los clérigos y recibir la comida que le llevasen de Villa Medici.

A todo esto, Galileo, para consternación de Niccolini, preparaba la defensa de su postura filosófica. Tan convencido como de costumbre de que la suerte estaba de su lado, el pisano parecía tener en la manga algún arma o prueba que hundiría los argumentos de sus enemigos. El embajador le suplicó que abandonase semejante plan y acatase a pies juntillas cuanto el tribunal dictase, en especial todo lo relativo a «ese detalle» del movimiento de la Tierra; pero no tardó en advertir que estas recomendaciones deprimían a tal punto a Galileo que empezó a volver a temer por su vida. El insigne científico se merecía lo mejor, pensaba Niccolini; «toda esta casa», escribió a Cioli, «que lo ama sobremanera, siente un pesar indescriptible».

El juicio de Galileo Galilei dio comienzo el 12 de abril de 1633.

«*Quomodo et a quondam tempore Romae reperiatur*».

«Llegué a Roma el primer domingo de cuaresma en una litera».

«*An ex se seu vocatus venerit, vel sibi iniunctum fuerit ab aliquot ut ad Urbem veniret, et a quo*».

«En Florencia el padre inquisidor me ordenó venir a Roma y presentarme ante el Santo Oficio, siendo éste el mandamiento de los ministros del mismo».

«*An sciat vel imaginetur causam ob quam sibi iniunctum fuit ad Urbem accederet*».

«Imagino que la razón por la que se me ordenó comparecer ante el Santo Oficio fue para dar cuenta del libro que he publicado recientemente».

Con estas palabras dio comienzo la vista en una sala del primer piso del espléndido convento dominico de Santa Maria sopra Minerva, cerca del Panteón. Galileo fue interrogado en tercera persona y en latín por Fray Carlo Sinceri, el procurador fiscal, con oraciones enunciativas que empezaban por la palabra *an*, «acaso». La imagen que la mayoría nos hemos formado de este acontecimiento tan célebre es una mezcla de varias impresiones: el recuerdo de viejos óleos y grabados; tal vez la obra de teatro de Bertolt Brecht, tan efectiva como poco fiel; seguramente la sensación de lo mucho que había en juego desde el punto de vista histórico; y yo diría que un residuo inesperado de las películas de Perry Mason. Digo Perry Mason porque en el mundo anglosajón hemos terminado por considerar todo juicio como un enfrentamiento entre dos partes, cada una de las cuales aporta pruebas de acuerdo con un modelo narrativo que, en líneas generales, se da por válido. En consecuencia, damos por hecho que el litigio de 1633 versaba sobre la naturaleza del sistema solar y la exactitud de lo que sobre ella se afirmaba. Sabemos que Galileo estaba en lo cierto y que sus acusadores no, y de aquí sacamos nuestra imagen del juicio: una hilera de clérigos malencarados, todos vestidos de negro y tocados con unos gorros muy raros, sentados frente a un anciano científico bastante encorvado pero así y todo gallardo y desafiante –y buen católico, por cierto–, que alza el brazo para recalcar un principio físico. Los jueces responden citando versículos de la Biblia hasta que finalmente lo mandan callar. Al abandonar la sala, el anciano, incapaz de traicionar a la verdad, masculla «*Eppur si muove*», «y sin embargo se mueve».

Ni que decir tiene que esta imagen –y, por desgracia, la frase de despedida de Galileo, que no consta en el acta de las sesiones– no corresponde a la realidad. Por un lado, la idea de un proceso contencioso no les habría resultado natural a los cardenales de la inquisición; por otro, la mayoría de ellos –aunque no todos– eran productos del Renacimiento, humanistas sofisticados y prelados post-trentinos, y sólo Dios sabe qué reservas acerca del proceso podían albergar algunos de ellos en su fuero interno. No sabemos qué pensamientos secretos ocultaban, como tampoco sabemos lo bastante sobre el juicio en general, pero lo que sí sabemos es que, como todos los juicios de ese tipo, fue «inquisitorial» en cuanto a la forma. Esto significa que no hubo ningún debate al estilo Perry Mason, sino que la Comisión de Inquisidores sopesó las pruebas a favor y en contra del encausado, como todavía se hace en ciertos sistemas judiciales europeos. De acuerdo con este procedimiento, Galileo declaró según las necesidades del caso, pudiendo responder en italiano a las preguntas que se le formulaban en latín, mientras un escribano tomaba nota de su deposición.

Los cargos se formularon en el transcurso del proceso, algo que hoy nos resulta inaudito pero que a la sazón se consideraba lo más normal del mundo. La principal acusación –si Galileo era culpable de temeridad por contradecir la exégesis de los padres de la Iglesia o de herejía pura y dura, es decir, una violación de la fe– se decidiría en función de las pruebas obtenidas a medida que se desarrollase el juicio. Las ideas astronómicas de Galileo sólo se consideraron una vez, en un párrafo breve y desdeñoso escrito por un clérigo sin formación científica, y no se reclamó el testimonio de ningún experto en la materia. Sí se recurrió, en cambio, a teólogos para que escudriñasen los escritos del astrofísico en busca de indicios de una adhesión explícita a la opinión heliocéntrica.

Si la transcripción del juicio de Galileo que se conserva en el Vaticano está completa, y parece estarlo, las actas dan muestras de cierta desviación respecto de la práctica habitual. La Inquisición romana apenas se ha estudiado, en parte porque sus archivos se mantuvieron vedados a los investigadores hasta 1998, y es muy poco lo que sabemos acerca de los procedimientos judiciales al uso en la época de Galileo. Con todo, el estudio del derecho canónico, los prontuarios legales para uso de los inquisidores y una colección de documentos conservados en el Trinity College de Dublín nos han permitido hacernos una idea de la práctica inquisitorial en la Italia de comienzos del siglo XVI.

La Inquisición romana, fundada en 1542 por la bula papal *Licet ab initio*, nació como respuesta a la amenaza protestante que se dejaba sentir en la península itálica. Para su administración se creó una comisión de diez cardenales, que más adelante recibiría el nombre de Congregación del Santo Oficio, dirigidos por un fiscal llamado comisario general. El cometido principal de la comisión, que siempre se dio por hecho que estaba bajo la autoridad directa del pontífice, era perseguir la herejía, por lo general el luteranismo, cometido este que debemos tener presente. La Inquisición era una especie de policía de pensamiento, qué duda cabe, pero al ser una policía del pensamiento cristiana, su finalidad no se limitaba a descubrir lo que pensaba el acusado sino también a reformar sus pensamientos, esto es, a devolverlo, una vez apto para la salvación, al seno de la Iglesia militante. En materia de salvación de almas, era menos severa que cualquier autoridad civil italiana de la época. Nuestra imagen de la Inquisición romana como una cámara de los horrores deriva en gran medida de las historias sobre la Inquisición medieval, o de la Inquisición española, o de las novelas sensacionalistas escritas en el mundo protestante. Mientras los tribunales civiles, en la inmensa mayoría de los casos, se preocupaban de los actos de los acusados, y solían estar dispuestos a ahorcarlos por ellos, el tribunal de la Inquisición romana se preocupaba por sus pensamientos, con lo cual tendían simplemente a encarcelarlos hasta que cambiasen de opinión; de hecho, los tribunales eclesiásticos fueron los primeros en Europa en usar penas de prisión como forma de castigo y no sólo como mecanismo de detención previa al juicio. Este dato se cita a veces con el fin de atenuar la naturaleza proto-totalitaria de la Inquisición, pero es un arma de doble filo. Al fin y al cabo, a los tribunales civiles no les importaba lo que la gente pensase, sino tan sólo lo que hiciese, mientras que cuando la Inquisición se enteraba de que alguien había aireado sus dudas sobre el nacimiento de la Virgen, ese alguien estaba en un buen lío. De igual modo, el caso Galileo no se suscitó, como cabría imaginar, porque el científico tuviese una opinión y la Iglesia otra, sino porque el científico tenía una opinión y la Iglesia insistía en que la cambiase.

Dado que la Inquisición se preocupaba tanto por lo que pensaba el acusado, solía permitirle que leyese los cargos que se le imputaban y que preparase una defensa. En teoría, el reo también podía examinar las pruebas reunidas en su contra y rebatir el testimonio de sus acusadores, llamar a declarar a sus propios testigos, y recurrir a la ayuda de un abogado designado por el tribunal y muy versado en derecho canónico (aunque no de un modo similar a como se hace hoy día en Gran Bretaña o Estados Unidos; por ejemplo, el acusado no podía cuestionar la legalidad de la acusación ni de la jurisdicción del tribunal, no tenía derecho a repreguntar a los testigos, no disponía de su propio abogado y no podía recurrir a un tribunal de apelación). Si en última instancia suplicaba la misericordia de los jueces, su petición podía considerarse favorablemente, pues ése era el desenlace deseado, un cambio de opinión. Hoy día, de acuerdo con el artículo décimo de la Declaración Universal de Derechos Humanos, damos por hecho que los tribunales deben ser «independientes e imparciales», que el acusado debe saber exactamente quién lo acusa, que el juicio debe ser público y que el jurado debe estar compuesto por sus iguales. Galileo no gozó de ninguno de estos derechos. Además, siempre debe presumirse la inocencia del procesado, pero en los manuales de jurisprudencia más consultados de aquella época el tema de la presunción de inocencia o culpa no estaba exento de ambigüedad. En resumidas cuentas, por más que en aquella primavera de 1633 se sopesasen cuidadosamente las pruebas contra Galileo y se le permitiese hablar en su defensa, que nadie piense que la vista se pareció remotamente a lo que hoy entendemos por un juicio.

La *quaestio*, o tortura judicial, un vestigio de la Inquisición medieval, se aplicaba sobre todo en casos de herejía. Se consideraba que el culpable no tenía derecho a ocultar pruebas sobre sí mismo ni sobre sus cómplices, ni a dar falso testimonio. Con el fin de obtener esta información, que el tribunal, en cambio, sí tenía derecho a conocer, era lícito aplicar una cantidad limitada de tormento físico, sin que el acusado, tanto si se dictaminaba su culpabilidad como si no, sufriera ningún daño permanente al término de la ordalía. Dadas estas restricciones, y comoquiera que el instrumento empleado, la *corda**, permitía incrementar gradualmente el dolor infligido, apenas hay diferencia entre la tortura prescrita por la Inquisición y la que hoy practican los gobiernos occidentales. El propósito era, y sigue siendo, averiguar alguna intención secreta por medio de una administración controlada de dolor que, en teoría, no cause daños permanentes.

El recurso a la tortura por parte de la Inquisición estaba limitado por numerosas restricciones, algunas de las cuales guardan relación con el caso de Galileo. En teoría, tanto el obispo como el inquisidor jefe debían estar presentes en la sesión, que no podía durar más de una hora. Estaban eximidos los clérigos, los nobles y los individuos de conducta intachable, así como los ya convictos, los niños, los ancianos o enfermos y todo aquél que hubiese ingerido alimentos en las últimas seis a diez horas, para evitar los vómitos. «La tortura», rezaba una máxima del derecho canónico, «es una práctica delicada y peligrosa que a menudo no sirve para sonsacar la verdad. Pues muchos de los procesados, dadas su fuerza y paciencia, son capaces de desdeñar los tormentos, mientras que otros mienten antes que sobrellevarlos, incriminándose injustamente a sí mismos y a otros». A veces, efectivamente, el acusado soportaba el suplicio sin alterar un ápice su testimonio original, y si negaba albergar convicciones heréticas, su ordalía podía considerarse prueba de su inocencia y preludio a la absolución. De todas formas, las confesiones así obtenidas no se consideraban válidas hasta que el acusado no las ratificase al menos veinticuatro horas después, fuera de la cámara de torturas.

Basta repasar por encima estas directrices del derecho canónico para advertir que en el juicio de Galileo no se observó ninguna de ellas. En ningún momento se le concedió el derecho a disponer de un abogado, a preparar una defensa minuciosa ni a citar a

---

* La *corda* era un artilugio mecánico mediante el cual se ataban los brazos al acusado por detrás de la espalda con una cuerda y con la misma se le levantaba en vilo con ayuda de una polea. El dolor se aplicaba dejándolo caer de golpe repetidas veces sin que llegase a tocar el suelo.

testigos de su parte. Además, como revela la carta que escribió a Benedetto Castelli el 19 de febrero, el científico se sentía amenazado por la posibilidad de sufrir torturas, o dicho con más delicadeza, nadie se había dignado tranquilizarlo y aliviarle este temor, tal vez infundado. (Como veremos más adelante, en el acta de la vista del 16 de junio de 1633 consta la orden inequívoca del papa de interrogar a Galileo *super intentione*, esto es, «acerca de sus intenciones secretas», *etiam comminata ei tortura*, «también bajo amenaza de tortura».) Pero a sus casi setenta años el astrónomo era demasiado anciano para soportar la *corda*. Su mala salud saltaba a la vista, y pese a su mal genio, su conducta era impecable. Por último, aunque parezca mentira, era técnicamente un clérigo, habida cuenta de que el 5 de abril de 1631 el monseñor Strozzi, arzobispo de Siena, lo había tonsurado para que pudiese recibir una pensión eclesiástica.

Así pues, no cabe por menos que concluir que durante el juicio de Galileo no se observó correctamente el derecho canónico; o si se prefiere una explicación menos verosímil, que en aquella época se aplicaba genéricamente de ese modo, por más que los historiadores legales contemporáneos no hayan encontrado precedente alguno de semejante aplicación.

Hay otra cuestión que debemos considerar antes de entrar a examinar el desarrollo del proceso. Con mucha frecuencia, cuando un asunto de enorme interés público está en manos de un tribunal supremo o influyente, la prensa automáticamente da por hecho que el caso se ha resuelto por arbitraje. Cuando un examen más detenido de las actas del tribunal revela que la cuestión se ha dirimido en función de algún aspecto legal como la jurisdicción o la improcedencia, los expertos hablan de «tecnicismos» o «lagunas jurídicas» (huelga decir que los abogados no lo ven así ni mucho menos). En el caso de Galileo, dos eran, en teoría, los asuntos en cuestión: si la Iglesia aceptaba la hipótesis copernicana, y si estaba dispuesta a tolerar, con respecto a la cosmología, que un seglar interpretase metafóricamente algunos versículos de la Biblia. En la práctica, sin embargo, las cuestiones en litigio eran precisamente lo que podríamos llamar tecnicismos, a saber: si Galileo tenía un permiso en regla para publicar el *Diálogo*; si había desobedecido la orden que el cardenal Belarmino le diera en 1616 de no difundir el coperni-canismo; y si su exposición de la tesis heliocéntrica era hipotética o categórica. Lo cierto es que de la misma manera que ningún cléri-go había recibido autorización del Vaticano para cuestionar el helio-centrismo de Galileo antes del juicio –aunque algunos lo hicieron, con escaso brío–, ninguno lo cuestionó tampoco durante el mis-mo. El porqué era evidente: contradecía las Escrituras. No había nada que debatir.

Si desde un punto de vista intelectual el juicio de Galileo ofrece escaso interés, desde otros puntos de vista resulta de lo más atrac-tivo. Un aspecto que suele pasarse por alto es el psicológico. Francesco Niccolini, con el conocimiento de la corte papal que le brindaba su condición de diplomático, se había pasado tres meses adiestrando al reacio Galileo como deponente, tratando de con-vencerlo de que abandonase su belicosidad y egocentrismo y se some-tiese. Así, cuando Galileo compareció ante el tribunal, el tono de sus deposiciones y respuestas a los magistrados refleja en ocasiones una extraña ambivalencia, como si un reo diminuto y rebelde se escondiese dentro de uno más grande y sumiso.

Del otro lado, los inquisidores eran rehenes del error del Va-ticano, una dualidad que se remontaba al decreto de 1616, que se había limitado a dejar «en suspenso» las *Revoluciones* de Copérnico a la espera de ciertas correcciones y no había censurado a Galileo, que simplemente había recibido la advertencia de Belarmino de no suscribir la opinión heliocéntrica. Este error se había repetido, e incluso consolidado, en 1624 con el acceso de Maffeo Barberini al trono papal y el consiguiente ascenso de Ciampoli y Riccardi, los amigos de Galileo, a cargos de autoridad, todo lo cual había hecho al científico concebir la esperanza de que se revocase la prohibición de 1616. ¿Por qué el príncipe Cesi, de la Academia de los Linces, ese enemigo declarado de los jesuitas, se había visto tan favorecido por Urbano VIII? ¿Por qué se había animado a Galileo a afanarse durante una década en su diálogo pro copernicano? ¿Por qué le había autorizado Riccardi a publicarlo, si tanto se oponía el Vaticano a su contenido? La respuesta a estas preguntas, si es que la tienen, no se encuentra en el plano de las ideas, sino en el de la psicología, en la rivalidad entre personalidades y grupos. El error, que probablemente se debiera al deseo del pontífice de desempeñar dos papeles antagónicos de forma simultánea –el de promotor de la ortodoxia trentina por un lado, y el de renovador del humanismo y mecenas del estado vasallo de la Toscana por otro– fue una trampa terrible para Galileo, pero también para el Santo Oficio, pues la institución se veía ahora en la irrisoria tesitura de tener que plantearse la prohibición de una obra que ostentaba su imprimátur.

En su primera declaración Galileo debía de sentirse sumamente optimista, pues a la hora del interrogatorio, pese a lo resbaladizo del terreno, dio muestras de mucha osadía. Así, empezó afirmando que se había llegado a Roma en 1616, y de nuevo en 1624, con la intención expresa de «dejar claro que sólo sostenía opiniones virtuosas y católicas», cuando lo cierto era que había acudido a la ciudad eterna con la esperanza de granjearse la adhesión de la Iglesia romana a sus propias opiniones. Tras conversar con varios cardenales, afirmó a continuación, se había encontrado con que el Vaticano tenía al sistema copernicano por «repugnante a las Sagradas Escrituras, y únicamente admisible *ex suppositione*, que era como el propio Copérnico lo concebía*»; en realidad, ni Copérnico ni Galileo concebían el sistema heliocéntrico más que como hipótesis probable en el sentido moderno del término. Esta especie de razonamiento conjetural era justamente lo que Galileo había hecho trizas con su telescopio y sus descubrimientos astrofísicos. Si ahora lo invocaba era exclusivamente con fines exculpatorios.

Pero el anciano científico no había terminado aún, pues estaba a punto de hacer su aparición, como por arte de magia, una prueba sorpresa. Tan convencido como siempre de que la suerte estaba de su lado, Galileo sacó un documento y se lo mostró al tribunal:

---

* El editor de las *Revoluciones*, Andreas Oseander, había entregado un prefacio no aprobado ni especialmente creíble en el que se afirmaba que la obra era de carácter supositivo y destinada fundamentalmente a servir de base para cálculos matemáticos.

uno se imagina a los inquisidores inclinándose hacia delante para poder verlo. Así que eso era lo que tan misteriosamente le había dado ánimos durante esas largas y penosas semanas de reclusión invernal y lo había convencido de su impunidad.

«Se me notificó la decisión de la Congregación del Índice», empezó diciendo, «y quien me la comunicó fue el cardenal Belarmino. [...] En febrero de 1616, el cardenal Belarmino me hizo saber que suscribir la opinión copernicana era absolutamente contrario a las Sagradas Escrituras –que no se podía sostener ni defender–, pero que se podía adoptar y hacer uso de ella como suposición. En conformidad con lo cual obra en mi poder un certificado expedido por el mismo cardenal Belarmino, con fecha del 26 de mayo de 1616, en el que afirma que la opinión de Copérnico no se podía sostener ni defender, por contraria a las Sagradas Escrituras, del cual certificado les ofrezco una copia, hela aquí».

La conclusión que sacó el tribunal fue que Galileo, indignado por los rumores de que el Santo Oficio había censurado su obra, había acudido en 1616 a Belarmino por su cuenta y riesgo, y había obtenido del cardenal una aclaración y testimonio por escrito. Belarmino había muerto en 1621, pero la copia del documento aportada por Galileo, doce renglones escasos, se leyó en voz alta, se marcó con la letra «B» y se agregó debidamente a las demás pruebas.

Nos, cardenal Roberto Belarmino, habiéndosenos informado del calumnioso rumor de que Galileo Galilei ha abjurado en nuestras manos y se le ha impuesto una penitencia saludable, y habiéndosenos solicitado exponer la verdad en cuanto a este asunto, declaramos que este hombre, Galileo, no ha abjurado, ni en nuestras manos ni en las de persona alguna, ni aquí en Roma ni, hasta donde se nos alcanza, en cualquier otro lugar, de ninguna doctrina ni opinión que hubiese sostenido; ni se le ha impuesto ninguna penitencia ni saludable ni de ningún otro tipo. Tan sólo se ha puesto en su conocimiento la declaración formulada por el Santo Padre y publicada por la Sagrada Congregación del Índice, según la cual, la doctrina de Copérnico de que la Tierra se mueve alrededor del Sol y que el Sol permanece inmóvil en el centro del universo y no se mueve de este a oeste es contraria a las Sagradas

Escrituras, no pudiéndose por tanto defender ni sostener. Y como testimonio de cuanto hemos escrito firmamos esta carta de nuestro puño y letra en este vigésimo sexto día de mayo de 1616.

Instado por el interrogador, que debió de dar no pocas muestras de sorpresa, Galileo describió las circunstancias del encuentro y la posible presencia de ciertos clérigos. Recordó que tal vez, además de prohibírsele sostener o defender la opinión heliocéntrica, también se le ordenase «no enseñarla». «No recuerdo ningún *quovis modo* en particular», añadió con timidez –aludiendo a una expresión latina que había usado Belarmino en su advertencia previa y que significa «de ninguna manera»–, «pero no pensé en ello ni la recordé, pues varios meses después recibí este certificado del cardenal Belarmino». Dicho de otro modo, la carta del difunto cardenal, que no vedaba las discusiones hipotéticas de la postura heliocéntrica, parecía anular las prohibiciones más genéricas de los otros mandatos, que, por lo demás, el científico no recordaba*. «Tras recibir el mencionado precepto», prosiguió, «no pedí permiso para escribir el libro en cuestión [...] pues considero que al escribirlo no transgrediría en modo alguno la orden que se me había dado de no defender ni impartir la susodicha opinión, sino de refutarla».

Todo iba de maravilla para el encausado hasta esas tres últimas palabras: «sino de refutarla». Ahí cometió un error garrafal. Como sabemos gracias a las novelas de detectives, el exceso de conformidad puede resultar comprometedor: pensemos en el testigo que habla más de la cuenta. Algo así hizo Galileo. Tal vez habría podido convencer a la Inquisición de que su exposición del sistema copernicano era un simple ejercicio filosófico, pero ¿de veras se creía capaz de convencerla de que la finalidad del *Diálogo* era acatar humildemente el mandato eclesiástico de «refutar» dicho sistema? La Inquisición había estudiado el tratado galileano durante ocho meses,

---

* Es posible que recibiese otra advertencia por parte de un sacerdote llamado Michelangelo Seghizzi de Lauda; de ser así, se ve que también lo había olvidado.

luego la absurda afirmación del científico sólo podía indicar que estaba faltando a la verdad, diciéndole al interrogador lo que éste quisiera oír. A lo peor es que había terminado tomándose demasiado a pecho el consejo de Niccolini. De todas formas, los juicios injustos tienen una capacidad extraordinaria para inducir a la mentira a personas por lo demás honradas: lo injusto del juicio y la mentira de Galileo son elementos correlativos.

Así pues, si para Galileo el certificado de Belarmino era la llave de la absolución, el Santo Oficio debió de verlo de forma muy diferente. Lo que el tribunal más detestaba era la «malicia» y el «engaño». Recordemos que al acusado se le había preguntado por qué no había dado parte a Riccardi, el censor vaticano, de la advertencia previa de Belarmino. La razón, insinuó Galileo, es que había quedado aclarada y reemplazada por el nuevo documento. Pero si se prestaba atención a sus palabras, el pisano estaba afirmando que su *Diálogo* se proponía «refutar» el sistema copernicano, lo que sonaba a perjurio puro y duro. Además, el certificado de Belarmino le había advertido claramente que no defendiese ni sostuviese la «opinión» copernicana. ¿Seguro que no la había sostenido? Una comisión integrada por tres asesores teológicos no tardaría en dar a conocer su informe. Supongamos que se determinase que el *Diálogo*, efectivamente, defendía o sostenía el copernicanismo —no digamos ya que lo impartía o analizaba, actividades éstas que Belarmino había prohibido expresamente—; ¿no supondría eso una justificación perfecta para Riccardi y todo el Santo Oficio? En lugar de verse en la dudosa situación de tener que prohibir un libro que habían autorizado, ahora podrían argüir que Galileo se estaba aprovechando maliciosamente del certificado de Belarmino para justificar la obtención del permiso de una obra que atentaba contra la fe.

Así pues, como es lógico, el interrogador se centró en la solicitud de permiso de publicación por parte de Galileo. El científico rememoró su viaje a Roma en 1630 para obtener el imprimatur de Riccardi y dijo que el censor se lo había concedido a condición de que le dejase «añadir, borrar y cambiar lo que juzgase conveniente» antes de la publicación de la obra, lo que dio pie a una revisión somera y claramente insuficiente por parte del papa, y a la inserción del prefacio y la conclusión (cuyo carácter incongruente era un eco de la contradicción entre la propia teología del pontífice, puesta en boca de Simplicio, el bisoño aristotélico, y las tesis del libro). Pero al llegar a Florencia, Galileo se encontró con que el asunto se había puesto en suspenso, pues Riccardi no las tenía todas consigo acerca de las opiniones expresadas en la obra. A todo esto se había declarado la Peste Negra y resultaba peligroso salir de viaje. Riccardi accedió a trasladar la solicitud al inquisidor de la legación vaticana en Florencia, siempre que se le remitiesen el prefacio y la conclusión para su aprobación definitiva. De modo que al final, explicó Galileo, el *Diálogo* se publicó en Florencia con nada menos que dos imprimátur, el de Riccardi y el del inquisidor florentino (amén, aunque esto no lo mencionó, de un prefacio y una conclusión en un tipo de letra distinto).

Con esta declaración, el anciano astrofísico quedaba expuesto a una pregunta evidente. Cuando le pidió permiso a Riccardi para publicar el libro, le interpeló el interrogante, ¿le habló de la orden que previamente le había dictado la Inquisición?

«No», contestó Galileo, «[...] porque no lo creí necesario toda vez que en este libro no había sostenido ni defendido la opinión del movimiento de la Tierra y la inmovilidad del Sol».

Aquello era un disparate. Era evidente que la había sostenido y defendido, siquiera –como él aseguraba– a título de suposición (aunque en el fondo la había sostenido y defendido afirmativa y categóricamente). Sólo se había celebrado una breve vista y Galileo ya estaba a punto de perder la libertad para siempre.

Pero también estaba a punto de ganarla. Los toscanos tenían una cierta influencia en Roma, y Niccolini, por lo pronto, se había estado moviendo entre bastidores. Entre otras cosas, le había pedido al gran duque que escribiese peticiones de clemencia para todos los inquisidores a los que aún no había sondeado. El embajador no tardó en recibir un fajo de misivas que trató de hacer llegar a sus destinatarios, en algunos casos con escasa suerte. Asimismo, se enteró de que Francesco Barberini, miembro como él de la Academia de los Linces, y nada menos que el inquisidor jefe, Vincenzo

Maculano, conocido como comisario general, andaban afanándose en acelerar el juicio, justo lo que Niccolini había deseado desde el principio. Hay quien ha insinuado que la aparición del certificado de Belarmino había dejado sin argumentos a Maculano, pero su papel no era el equivalente al de un fiscal del distrito estadounidense; su «carrera profesional» no estaba en peligro. La tarea del comisario general no era «ganar» el caso y conseguir la pena máxima para el reo, lo que habría significado que se declarase a Galileo culpable de herejía y se le encarcelase, sino obtener su confesión y renuncia al copernicanismo en caso de que se demostrase que lo defendía; el libro en sí podría condenarse o corregirse según fuese necesario. Cabe especular que la autoridad del certificado de Belarmino apenas ablandó la postura de Maculano, ya maleable de suyo. El 16 de abril Niccolini escribió a Cioli que el comisario general le había comunicado a su secretario que el juicio concluiría en breve; de hecho, Maculano había revelado al propio Niccolini que Francesco Barberini había estado abogando a favor del científico ante su tío, tratando de «mitigar» las «emociones» del Santo Padre. El 23 de abril el diplomático remitió a Cioli una nota exultante en la que declaraba que el científico sería probablemente puesto en libertad el día de la Ascensión o justo después, cuando Urbano VIII hubiese regresado de su residencia de verano en Castelgandolfo.

¿Qué había ocurrido? El día antes, en una carta que no se descubrió hasta 1999, un consternado Maculano había escrito lo siguiente a Francesco Barberini: «Anoche Galileo padeció fuertes dolores que han vuelto a atacarlo esta mañana. Lo he visitado dos veces y le han administrado más medicinas. Considero, pues, que habría que despachar su caso lo más rápido posible». Añadía Maculano que los tres asesores teológicos habían emitido sus informes y que la conclusión era la misma: «[coinciden en que Galileo] defiende e imparte la opinión que la Iglesia rechaza y condena, y parece sospechoso de sostenerla. Así las cosas, el caso podría zanjarse con prontitud». En otra carta escrita el 23 de abril, el comisario general informaba a Francesco que había trasladado una propuesta al Santo Oficio en la que solicitaba a los cardenales que le concediesen «la autoridad para negociar extrajudicialmente con Galileo al objeto de hacerle ver su error y, una vez lo reconozca, hacer que lo confiese. Al principio la propuesta les pareció demasiado osada [...]; sin embargo, tras mencionar la base en la que se sustentaba, se avinieron a conceder esa autoridad». «Para no perder tiempo», proseguía Maculano, lo que da a entender que, como buen clérigo con sentimientos, le preocupaba enormemente la salud de Galileo, sin dejar por ello de tener presentes las restricciones que fijaba la ley al enjuiciamiento de reos *in extremis*, «ayer por la tarde hablé con Galileo, y tras intercambiar un sinfín de argumentos y respuestas, logré gracias a Dios mi objetivo: le hice ver su error, y admitió que se había equivocado y excedido en su libro, todo lo cual lo expresó con palabras sinceras, como si al tomar conciencia de su error se hubiese quitado un peso de encima; y se mostró dispuesto a confesar. No obstante, me pidió un poco de tiempo para pensar en cómo hacer una confesión honrada. [De este modo] el Tribunal mantendrá su reputación, se podrá tratar al inculpado con benevolencia, y sea cual sea el resultado final, será consciente del favor que se le ha hecho, con la consiguiente satisfacción personal que uno busca en todo esto».

Es imposible no visualizar a los dos toscanos discutiendo bajo la luz lánguida del atardecer, el clérigo caritativo y pragmático sentado muy erguido con sus ropajes color carmesí, inclinándose hacia delante de vez en cuando para ayudar al científico encorvado a aliviar su dolor. Hemos llegado al momento culminante de la historia: uno se imagina a Galileo recayendo en su manía incontenible de hablar de matemáticas y de exégesis bíblica, y a Maculano, como sacerdote que era –además de ingeniero con formación matemática–, aconsejándole con tacto que no siguiese por ese camino. Es imposible saber a ciencia cierta los motivos que tenía Maculano para querer cerrar un trato con Galileo, pero son varias las posibilidades –además de la mala salud del cientifico– que nos vienen a la mente: la indecisión del propio papa y su vieja amistad con Galileo; la mala prensa generada por el juicio en Toscana, Italia y Europa en general; las evidentes deficiencias de la acusación; y la probabilidad, dado el prestigio del astrofísico y el interés generalizado que despertaba el copernicanismo entre los intelectuales italianos e incluso entre muchos eclesiásticos, de que la condena y castigo del anciano científico resultase ser un pésimo ejercicio de relaciones públicas. Por último, no podemos descartar una simpatía secreta por el personaje y sus ideas: en una carta fechada el 2 de octubre de 1632, Benedetto Castelli, que ahora era matemático del papa, había revelado a Galileo que Maculano –quien como experto en fortificaciones probablemente fuese el único miembro de la Congregación capaz de seguir las demostraciones del *Diálogo*– «era de la misma opinión [heliocéntrica] y que pensaba que el asunto no debería zanjarse apelando a la autoridad de las Sagradas Escrituras; incluso dijo que quería escribir sobre el tema». Además de todo lo anterior, debieron de existir, como era de rigor en la secretista Roma de 1633, una serie de razones políticas ocultas para el acuerdo entre acusado y acusación que no alcanzamos a imaginar ni remotamente. Y hace falta ser muy ingenuos para pensar que Maculano no tenía motivos personales o familiares para poner fin al juicio con presteza.

Por lo que respecta a Galileo, al verse frente un prelado de la categoría de Maculano, debió de caer súbitamente en la cuenta de que su alma corría un peligro mortal. Por un lado, no podía sacarse de la cabeza una imagen del mundo que sabía cierta; por otro, estaba doblemente apesadumbrado, siquiera fuese por primera vez, por haber contrariado tanto a la Iglesia. Atrapado entre dos emociones contrapuestas, y sin duda abochornado por su reciente perjurio, no es de extrañar que necesitase el paréntesis que solicitó para alcanzar lo que había denominado «confesión honrada». En última instancia, es probable que bajo la presión del miedo, la piedad sincera y el deseo bipolar de abrazar el copernicanismo y a la vez rechazarlo, la doblez de Galileo terminase convirtiéndose en autoengaño.

En este punto, la cristiandad latina pendía de un hilo. Permitámonos por un momento un juego de salón, el juego de la fantasía contraria a los hechos. Si el plan de Maculano hubiese cuajado, Galileo probablemente habría confesado su error. Se le habría declarado culpable de algún delito menor, como el de «imprudencia», y obligado, casi con toda seguridad, a varios meses de penitencia. Se le habría permitido retomar sus investigaciones con total libertad siempre que dejase en paz el copernicanismo y la Biblia. Sin embargo, a estas alturas, el comisario general, y puede que también Niccolini, ya debían de haberse percatado de que no todos los inquisidores de la Santa Congregación opinaban igual que ellos. Pero vamos a seguir con nuestro juego de salón y a especular acerca de los dos bandos en los que cabe imaginar que se habían separado. En el primero, tendente a la indulgencia, estaban sin lugar a dudas Maculano y Francesco Barberini, y podríamos suponer que Gaspare Borgia y Laudivio Zacchia –pues ambos, al igual que Francesco, rehusarían estar presentes cuando Galileo finalmente se retractase–; también, aunque es una mera posibilidad, Antonio Barberini, el hermano del papa, al que nueve años antes habían metido con calzador en la curia sin cualificación alguna y que, según Niccolini, gustaba hacerse de rogar para sentirse importante; el diplomático le dijo a Cioli que Antonio Barberini podría estar «ayudando» a Galileo más que nadie, y ¿qué otra cosa podría significar esto sino que andaba insistiéndole al papa? Así pues, podemos suponer –sin apoyarnos en ninguna prueba, insisto– que estos inquisidores eran «blandos», y que los demás lo eran menos o –por desgracia– nada en absoluto.

Dos días después del trascendental encuentro con Maculano, Galileo hizo su segunda declaración. Su versión de los hechos había cambiado por completo. Ya no le parecía que su libro refutase el copernicanismo. Se le había «ocurrido», dijo, revisar el libro, y había «empezado a leerlo con la mayor concentración y a examinarlo del modo más concienzudo posible». Después de tanto tiempo sin abrirlo, le pareció «poco menos que un libro nuevo escrito por otra persona». Pensaba que el diálogo no hacía justicia a la postura aristotélica, y que por querer hacer alarde de sus habilidades dialécticas al defender el lado más débil, el copernicano, había exagerado. «Recurrí», afirmó el anciano científico, «a la satisfacción natural que todo el mundo siente por su propia perspicacia cuando demuestra ser más inteligente que el común de los mortales y descubre consideraciones ingeniosas y evidentes aun a favor de proposiciones falsas [...]. Mi error al escribir el libro fue, lo confieso, la vanidad ambiciosa, la pura ignorancia y la imprudencia».

En resumidas cuentas, Galileo se había atrevido a decirles a los magistrados que lo condenasen por vanidad, ignorancia y descuido, tres faltas que no se acercaban ni remotamente a la herejía. El tribunal levantó brevemente la sesión, tras lo cual regresó para confirmar el rechazo del reo a las tesis heliocéntricas; Galileo también se ofreció a añadir, con la venia del tribunal, dos «días» a los cuatro de que constaba el *Diálogo*, para que los personajes echasen por tierra los argumentos previamente expuestos. No parece que los cardenales de la Santa Congregación recibiesen la propuesta con mucho entusiasmo.

Galileo, pues, había confesado. Había agachado la cabeza. Niccolini, el cardenal Barberini, Maculano, y cualquiera que supiese lo que estaba pasando, esperaban la pronta resolución del juicio. Lo cierto, sin embargo, es que no se había decidido nada. Parecía haber un misterioso retraso.

¿Por qué no se declaraba culpable a Galileo, se le echaba una reprimenda, se le imponía una penitencia y se le ponía en libertad? Sin que el acusado lo supiera, al término de la segunda sesión se había incorporado a las pruebas –como anexo a un resumen (no a una transcripción literal) increíblemente falaz de las sesiones celebradas hasta entonces– una enorme cantidad de material procedente de la investigación, bastante chapucera por cierto, que en 1615-16 había llevado a cabo la Inquisición acerca de las creencias del científico, y que venía así a sumarse a los informes negativos sobre el *Diálogo* presentados el 27 de abril por los tres asesores teológicos, ninguno de los cuales estaba versado en astronomía pero que habían coincidido en que Galileo era partidario del heliocentrismo. Es imposible saber quién redactó el citado resumen falso, inflado ahora con las imputaciones de 1615-16, ni en qué medida pudo engañar a los magistrados; al fin y al cabo, ya habían leído la versión de Galileo y habían tomado nota de su declaración de arrepentimiento. Los informes de los asesores resultaban claramente perjudiciales, pero Maculano le había dicho a Niccolini que lejos de dificultar la consecución de un acuerdo extrajudicial, lo propiciaban. Por desgracia, sin embargo, tanto el resumen como uno de los informes –en concreto, la virulenta diatriba del jesuita húngaro Melchior Inchofer, que aludía a la disputa de las manchas solares entre Galileo y su correligionario, el todavía ofendido Christopher Scheiner– citaban cierta carta apasionada que el acusado había escrito en 1614 a Benedetto Castelli, por entonces catedrático de matemáticas en Pisa. La carta era un mensaje privado a un sacerdote benedictino, no impartía ni preconizaba doctrina alguna, y para colmo, la copia de la Inquisición se había amañado vergonzosamente; pero por desgracia revelaba la genuina convicción de su autor de que los pasajes del Viejo Testamento que parecían contrarios a la ciencia no deberían tomarse al pie de la letra. Aunque la afirmación no era ninguna novedad, es muy posible que enturbiase la vía del acuerdo extrajudicial por dos motivos, a saber: que el Índice había establecido lo contrario en 1616, y que Galileo, como seglar, no tenía derecho a pronunciarse acerca de la Biblia.

Es imposible deducir de las actas del juicio –cuya irregularidad, por extraña que resulte, bien pudiera ser normal para la época e institución– si el acuerdo del cardenal Maculano fue objeto de un sabotaje despiadado o simplemente se vio retrasado, suavizado, desnaturalizado mediante artimañas burocráticas. Al final no llegó a materializarse, y en los documentos no consta ni su fracaso ni el por qué del mismo. No sabemos cómo se tomaron el desastre Maculano, Francesco Barberini ni ninguno de sus aliados, pero es de suponer que caerían en la cuenta de que sus adversarios habían sido más astutos. Con todo, eran miembros del clero y no se lamentaron públicamente.

El 30 de abril se había conducido a Galileo de vuelta a la Villa Medici y se le había ordenado mantenerse a la espera. Su opinión acerca de la gente, poco clara en el mejor de los casos, nunca fue tan confusa como en estos momentos. A sus amigos de la Toscana les escribió cartas rebosantes de optimismo en las que daba a entender que pronto lo pondrían en libertad y, es más, lo exculparían. Niccolini, en cambio, parecía muy desconsolado. El gran duque, propietario de las colosales residencias del Palazzo Pitti, Careggi, Cafaggiolo, Poggio a Caiano, Poggio Imperiale, L'Ambrogiana, Serravezza –la lista era interminable–, seguía preguntando erre que erre quién se iba a hacer cargo de los gastos de Galileo, un detalle sobre el cual el embajador no tenía la menor gana de discutir. Niccolini llevaba desde el otoño, antes incluso de que llegase el científico, intentando acelerar el juicio, echando mano de toda su pericia política y conocimiento de la corte papal, y ahora veía que se le escapaba entre los dedos. A finales de mayo, con la situación ya drásticamente deteriorada, seguía ocultándole la verdad a su anciano huésped, que cada vez pasaba más tiempo en la cama. «Todavía no se lo he contado todo», escribió a Cioli, «porque pretendo revelárselo poco a poco para no hacerle daño».

El 10 de mayo Maculano citó a Galileo ante la Congregación y le dio ocho días para preparar una defensa. El astrofísico respondió con aplomo que entregaría de inmediato una defensa manuscrita junto con el certificado original de Belarmino. La defensa de Galileo, lo que hoy llamaríamos una «declaración jurada», afirmaba que el copernicanismo del *Diálogo* era involuntario y que estaba dispuesto a corregirlo, y rogaba a los jueces que tuviesen en cuenta su mala salud y las difamaciones de que había sido objeto. Los italianos tienen una expresión encantadora para una confesión tan poco sincera como la del astrofísico, *figlia della convenienza processuale*, pero en este caso sólo era reflejo del acuerdo que Galileo había tramado bajo supervisión de Maculano. Pero el arreglo, sin que él lo supiera, había fracasado, y la súplica cayó en oídos sordos.

Alguien, una o varias personas, en alguna parte, había decidido dar un castigo ejemplar a Galileo. El papa Urbano VIII tenía la máxima autoridad sobre la Congregación, un hecho destacado al que volveremos más adelante; también es posible que determinados jesuitas usaran su influencia en perjuicio del pisano, al que, por lo demás, no le faltaban enemigos. Con todo, lo que debemos señalar es que el conflicto entre heliocentrismo y religión apenas estuvo presente en el juicio, salvo de un modo confuso e incomprensible; nadie hizo uso de ningún conocimiento ni razonamiento científico. Sea como fuere, el caso es que el papa recibió un informe breve y tendencioso, y acto seguido emitió un mandato que prohibía la publicación del *Diálogo* y ordenaba que se interrogase a su autor a propósito de sus intenciones, tanto reales como secretas, bajo amenaza de tortura si fuese necesario –*interrogandum esse super intentione, etiam comminata ei tortura*–, con lo cual se daba hecho que podría estar actuando con malicia o engaño.

La ley impedía torturar a Galileo, y no hay pruebas de que se le torturase. No obstante, como ha recalcado Maurice Finocchiaro, un hecho destacado es que el último interrogatorio de que fue objeto, el 21 de junio de 1633, se llevó a cabo bajo la amenaza de tormento físico, lo que le confiere un cariz psicológico peculiar. Hay que distinguir con cuidado entre la justificación institucional de la tortura y los verdaderos motivos psíquicos por los que se podría recurrir al tormento o amenazar con aplicarlo. La tortura es una práctica generalizada en la mayoría de países, pero su adopción y posterior abandono tras la guerra –al menos en teoría– por parte de naciones occidentales como Francia, Gran Bretaña, Grecia, Argentina e Israel, así como su uso actual en Estados Unidos, han dado pie a un estudio sistemático. Es muy difícil que una persona o grupo que esté en condiciones de ejercer poder físico sobre un enemigo indefenso se resista a usarla o a amenazar con su uso, lo cual representa una explicación mucho más convincente de su práctica que la débil esperanza de arrancar información secreta de un mínimo valor práctico. El uso que de la tortura hacía la Inquisición romana, relativamente comedido en comparación con el de las autoridades civiles, se ha citado como atenuante de sus horrores. Pero este argumento, como ya hemos dicho, es un arma de doble filo toda vez que lo que nos provoca tanta repugnancia es precisamente su aparición en un contexto religioso. Si el recurso papal a la amenaza física como forma de resolver la disputa con Galileo era, en última instancia, meramente simbólico, el símbolo en sí –la *corda*– era absolutamente real, como la imaginación popular ha señalado con tino desde hace mucho tiempo.

Al término de la última sesión, el interrogador preguntó: «*An aliquid ei ocurrat ex se dicendum*». ¿Se le ocurre algo que quiera decir?

«No tengo absolutamente nada que decir», contestó Galileo, pese a lo locuaz que solía ser.

¿Y qué opina en relación a la posición del Sol en el centro del universo?

«Convencido por la prudencia de mis superiores», respondió, «me he despojado de cualquier ambigüedad al respecto», para añadir que aceptaba la inmovilidad de la Tierra.

¿Y en relación a la opinión expresada en su libro? «Concluyo que en mi fuero interno no sostengo ni he sostenido, según la determinación de mis superiores, la opinión objeto de condena».

En este punto se le advirtió formalmente que, no obstante, se le consideraba sospechoso de seguir albergando la creencia copernicana, y que si no se decidía a «dar a conocer la verdad», se le aplicarían los «remedios de la ley» y las «medidas oportunas». Ahí estaba, una vez más, la alusión al «examen riguroso» o tortura.

«Ni sostengo ni he sostenido la opinión de Copérnico», declaró, «después de que se me notificase la orden de abandonarla. Además, heme aquí en vuestras manos, haced lo que os plazca».

La última frase, que también puede traducirse «heme aquí en sus manos, que hagan lo que quieran», delata el verdadero estado de ánimo de Galileo. En cualquiera de las dos versiones, no obstante, se trata de una forma desabrida e imperiosa de dirigirse a un tribunal de cardenales, sobre todo en 1633. El anciano científico había caído por fin en la cuenta de que el acuerdo extrajudicial había quedado en agua de borrajas: con estas palabras exasperadas, el recluso rebelde y atemorizado que había pasado semanas oculto dentro del reo penitente ideado por Maculano ha salido de su escondrijo. Todo este interrogatorio pone de manifiesto el reconocimiento definitivo por parte de Galileo de una cruda verdad, a saber: que en realidad lo único que se ventilaba en aquel juicio era una cuestión de disciplina y obediencia, de fuerza y de debilidad, de amenaza y miedo. El análisis detenido de cualquiera de sus respuestas en esta sesión postrera muestra que sólo abraza la doctrina de la Iglesia porque así se lo han ordenado y por nada más. *No tengo nada que decir… la prudencia de mis superiores… estoy en vuestras manos, haced lo que os plazca.*

«Y se le mandó que dijera la verdad», reza la transcripción. «o de lo contrario se habría de recurrir a la tortura».

«Estoy aquí para mostrar obediencia», dijo Galileo, «y como ya he dicho, no he sostenido la opinión después de que se me prohibiese hacerlo».

Con el fin de hacer un seguimiento del juicio lo más directo posible, no nos hemos detenido en una circunstancia que perjudicó gravemente los intereses del acusado. Se trata de la aparición, entre los documentos aportados como prueba, de la carta que el científico había escrito a comienzos de 1614 a Benedetto Castelli y en la que invadía el terreno de la exégesis bíblica. La carta, como ya hemos señalado, era privada, pero una vez que salió a la luz Galileo se vio expuesto a lo que Richard J. Blackwell ha denominado un «peligro doble»: por un lado, el relacionado «con el contenido de la interpretación propiamente dicha, y por otro, el de asumir el papel de exegeta. Independientemente de los méritos de lo primero, todo individuo corría siempre peligro por lo segundo». Dicho de otro modo, tanto si su análisis bíblico merecía el visto bueno de la Iglesia como si no –y en este caso, además, era que no–, Galileo, en su calidad de seglar, carecía de dispensa para interpretar las Escrituras. Esta prohibición figuraba entre los decretos del Cuarto Concilio de Trento, publicados en abril de 1546.

¿Qué afirmaba Galileo en esa carta y por qué la escribió? A finales de 1613, en el transcurso de un desayuno al que había asistido Benedetto Castelli, la duquesa viuda Cristina de Lorena, madre de Cosimo de Medici, había sacado el tema de la compatibilidad entre catolicismo y copernicanismo. Informado de ello, Galileo decidió escribir un breve ensayo para expresar su opinión sobre el tema, dando lugar a lo que terminaría conociéndose como la «Carta a Benedetto Castelli». El pisano seguramente pretendía que la misiva llegase a alguna personalidad influyente, más allá de Castelli, y que perdiese así su carácter privado, pero difícilmente podía haber imaginado que terminaría considerándose prueba para una acusación de herejía en su contra. Su único propósito había sido demostrar que la cosmovisión heliocéntrica no contradecía las Escrituras ni, por tanto, representaba amenaza alguna para la Iglesia. Con relación a los conocidos pasajes bíblicos que parecían refrendar la cosmología geocéntrica, como Eclesiastés 1:5 –«Sale el Sol y se pone el Sol, y se apresura a volver a su lugar, desde donde se levanta»–, y Josué 10:12 –«Sol, detente en…»–, sostenía Galileo que los escritores de la Biblia habían acomodado su lenguaje a las capacidades del vulgo, ofreciéndole las crónicas históricas y preceptos éticos necesarios para su salvación; estaba clarísimo que a la Biblia no le incumbía lo más mínimo la astronomía. Dado que Dios había creado tanto la naturaleza como las Escrituras, ambas debían ser por fuerza verdaderas: si se suscitaba un aparente conflicto, la Biblia debería quedar en segundo lugar, no porque fuese menos válida, sino porque su significado era con frecuencia poco claro o ambiguo, mientras que las demostraciones matemáticas eran sencillas y concluyentes. Por encima de todo, Galileo nos avisaba de lo imprudente que sería establecer de antemano el significado de aquellas cuestiones bíblicas no relacionadas con el ámbito espiritual de la salvación toda vez que, con el tiempo, podría terminar demostrándose la falsedad de tal interpretación. Desde el punto de vista teológico, este razonamiento presentaba ciertas deficiencias, y cuando se hicieron evidentes Galileo se puso manos a la obra y escribió una segunda versión, más efusiva, la «Carta a la gran duquesa Cristina», en la que trató de subsanarlas, señalando además –probablemente por indicación de Castelli– que San Agustín, en su extenso tratado *Sobre la interpretación literal del Génesis*, había advertido a los fieles que no se tomasen el Génesis demasiado al pie de la letra, no fuese a ser que una adhesión rigurosa a tan complejo texto «escandalizase» a la Iglesia. A ojos de la Inquisición, esta cita de Agustín por parte de un seglar debió de resultar una desfachatez. De todas formas, en el juicio de 1633 los cardenales no tuvieron necesidad de apelar a este hecho condenatorio por cuanto la «Carta a Benedetto Castelli» satisfacía sus necesidades, y pasaron por alto la carta a Cristina, probablemente por respeto a la familia ducal toscana.

No sabemos en qué creería realmente Galileo –ni nadie– en este periodo, toda vez que la confesión religiosa la prescribía una autocracia y la herejía era un delito penado. Si alguien tenía sus dudas se las guardaba para sí, luego pecaríamos de ingenuos si nos tomásemos en sentido literal unas reflexiones escritas en los territorios pontificios o en sus estados vasallos. Los propios archivos de la Inquisición confirman que mucha gente tenía sus reservas y albergaba creencias heréticas: antes de la Contrarreforma se expresaban con mucha más franqueza. Giorgio Vasari, el autor de las *Vidas* de los artistas italianos, de 1550, nos cuenta que Perugino, pintor de innumerables y piadosos retablos, «era una persona muy poco religiosa a la que nadie jamás logró convencer de la inmortalidad del alma»; y seguro que no era el único. Los textos bíblicos también habían perdido crédito. Aunque la inmensa mayoría seguía considerándolos, en un sentido u otro, palabra de Dios, la Reforma había provocado que muchos libros bíblicos se eliminasen del canon protestante, y la Vulgata, la Biblia católica romana en latín, también se había puesto seriamente en entredicho. Esta versión de las Escrituras consistía en una colección de manuscritos traducidos en su mayor parte por San Jerónimo en 390-405, pero en la Italia del siglo XVI empezó a estudiarse el hebreo casi tanto como el latín y el griego, y al finalizar el Concilio de Trento, que duró de 1545 a 1563, la Vulgata de San Jerónimo ya se tenía por inexacta y muchos de sus pasajes por poco claros; aunque en 1546 se había declarado canónica, hacía falta una versión corregida. Hicieron falta tres comisiones pontificias para dar lugar, en 1588, a un texto corregido, y aun así, cuatro años más tarde aparecería otro que presentaba casi cinco mil diferencias respecto de aquél, lo que provocó encendidas críticas y algún que otro escarnio. Mientras tanto, la idea de un texto sacrosanto había corrido bastante peor suerte en los círculos humanistas europeos, donde los conceptos básicos de la filología moderna ya habían echado raíces. La evidente imposibilidad de que Moisés, el supuesto escriba del Pentateuco, hubiese escrito dicho texto íntegramente –el patriarca muere al final del Deuteronomio– ya se había señalado en el Talmud babilónico y la había analizado en profundidad el tudelano Aben Ezra, un comentarista rabínico del siglo XII muy consultado por los exegetas cristianos; este problema y otros similares se habían revisado con calma. Escasos años después del juicio de Galileo, un católico, Isaac La Peyrère, dos protestantes, Thomas Hobbes y Samuel Fisher, y, más adelante, un judío, Benedicto Spinoza, negaron que la humanidad dispusiera de una copia de la verdadera Biblia y que fuese obra sino de varios autores.

La Contrarreforma, pues, tenía la batalla perdida contra una interpretación de las Escrituras más libre y, a menudo, menos literal. Con todo, si algo había preocupado al Concilio de Trento había sido la posibilidad de que los legos decidiesen por sí solos qué pasajes bíblicos podían interpretarse de un modo no literal. A decir verdad, el tema del movimiento heliocéntrico de la Tierra guardaba escasa relación, por no decir ninguna, con la fe católica, pero la idea de que individuos sin formación teológica pudiesen decidir libremente leer un pasaje cualquiera sin atenerse al pie de la letra entrañaba, a comienzos del siglo XVII, un peligro mortal para el catolicismo. Las iglesias protestantes habían roto los vínculos con Roma al negar el significado literal del sacramento de la eucaristía, que la sesión octava del Concilio de Trento, celebrada en 1551, había confirmado como «el verdadero y auténtico cuerpo y sangre de Cristo». No hace falta forzar mucho la imaginación para comprender que la Iglesia, en una época en la que el ideal de la libre expresión aún no se había difundido por lugar alguno, no estuviese dispuesta a consentir que los legos decidiesen si frases como «esto es mi cuerpo» (Mateo 26:26) debían tomarse al pie de la letra o no. Una civilización espléndida se había partido en dos simplemente por estas cuestiones. En consecuencia, aunque lo que Galileo afirmaba sobre las Escrituras era más que razonable –de hecho, era un prudente comentario a 2 Corintios 3:6: «porque la letra mata, mas el espíritu vivifica»–, también era muy poco práctico por cuanto reflejaba un propósito piadoso pero demasiado arrogante.

Si los cargos que la Inquisición formulaba contra Galileo eran haber abogado por el copernicanismo de forma categórica y no hipotética, e interpretado la Escritura según su entender, básicamente era culpable. Los atenuantes de más peso –el certificado de Belarmino y las oportunidades de sobra que tuvo la Iglesia para revisar el *Diálogo* antes de su publicación– no se tomaron en serio. Todo el juicio giró en torno al tema de la insubordinación, sin que la cuestión de la ciencia galileana mereciese más que tres breves párrafos, los cuales, para colmo, incluidos en el informe del asesor Zaccaria Pasqualigo y relativos a las causas de las mareas, sólo indican que Pasqualigo no entendió lo que había leído. Algunos especialistas en Galileo han afirmado que las cuestiones cognitivas suscitadas por el conflicto entre el copernicanismo galileano y las opiniones de la Iglesia sobre la astronomía y la Biblia ya se habían abordado en el periodo comprendido entre 1610 y 1616, y sobre todo durante la investigación de que había sido objeto el astrofísico hacia el final de dicho periodo; pero dicho sea con la mejor voluntad del mundo, no puedo estar de acuerdo con tan aseveración, pues no existen testimonios que la corroboren: ningún documento eclesiástico de 1615 a 1616 examina con minuciosidad ni la viabilidad científica del heliocentrismo ni la compleja cuestión de su compatibilidad con la fe católica. El informe de los asesores sobre el copernicanismo, emitido el 24 de febrero de 1616, que en gran medida es una respuesta a Galileo, se limita a afirmar que la proposición heliocéntrica es «filosóficamente absurda e insensata» y «contradice explícitamente muchos pasajes de las Sagradas Escrituras». La ya mencionada carta que Belarmino envió al padre Foscarini con fecha de 12 de abril de 1615, también destinada a Galileo, representa la opinión más genérica del Vaticano sobre este asunto, pero básicamente lo rechaza de plano. Cuando en los primeros renglones Belarmino afirma: «Considero que Vuesa Reverencia y el señor Galileo han obrado con prudencia al contentarse con hablar en términos de suposiciones», aludiendo así a un copernicanismo meramente hipotético, no está felicitando a Foscarini y a Galileo por su tacto intelectual, sino formulando la clásica advertencia velada y jesuítica. Había dado comienzo la dinámica intimidatoria.

¿Alguna vez coincidieron Galileo y la Iglesia desde el punto de vista intelectual? La respuesta es, por fuerza, negativa. Aunque en un primer momento lo aclamase el Collegio Romano, Galileo se indispuso con los jesuitas alrededor de 1624, con la «Respuesta a Ingoli» y «*El ensayador*», que hasta cierto punto era un ataque al padre Orazio Grassi. Tanto éste como Ingoli eran clérigos enfrentados a varios aspectos del copernicanismo, Ingoli de forma seria y solvente y Grassi de forma confusa y tangencial. Ninguno de los dos representaba al Vaticano ni acusó a Galileo de herejía. Además, es probable que Maffeo Barberini, en su calidad de papa recién elegido, apoyase a la sazón al científico en su disputa con los ignacianos; recordemos que la reedición de *El ensayador* llevaba una dedicatoria a Urbano VIII. (Ni la «Respuesta» ni *El ensayador* se citaron en el juicio.) De hecho, en diversos periodos, Galileo contó con fervientes partidarios dentro de la Iglesia –no sólo el propio Maffeo Barberini, sino Sarpi, Castelli, Dini y Ciampoli, por ejemplo–, y con muchos enemigos acérrimos dentro de la comunidad académica seglar. La ciencia y la religión no empiezan a chocar de forma perceptible, y bastante súbita, hasta 1633. A menudo suele olvidarse que la Iglesia, en aquella época, era un poder temporal con una fuerza policial –los *sbirri* papales– y un sistema judicial a su disposición, con lo cual, el enfrentamiento con Galileo, cuando se produjo, no fue una verdadera discusión sino un acto coercitivo. Según los parámetros modernos –los de los procesos de Moscú de 1938, pongamos por caso–, tampoco fue una coacción muy rigurosa, pero fue una coacción al fin y al cabo. Si alguna moraleja cabe extraer del caso Galileo probablemente sea la de que el diálogo entre ciencia y religión, valioso en muchos aspectos, en especial los éticos, no debería verse adulterado por el uso del poder estatal, ni por la amenaza del mismo. La obediencia a una jerarquía, la dependencia de estructuras formalistas o rituales, la referencia a interpretaciones consagradas de textos religiosos cuyo carácter espiritual deriva de su fluidez y de la continua expansión de su significado; todas estas facetas de la postura autoritaria truncan cualquier esperanza de un intercambio fructífero. A menudo se recurre demagógicamente a la religión como medio de galvanizar un orden social amenazado, pero esta táctica también acaba con la integridad intelectual de los debates.

El juicio de Galileo también presenta otra dimensión que rara vez se menciona, por no decir nunca, aunque tal vez sea la más importante. Los italianos nunca se han interesado mucho por las ideologías y, en general, no las han usado más que para disfrazar sus necesidades y deseos más prosaicos. En la época de Galileo, como ahora, las ambiciones de la gente estaban vinculadas a las lealtades familiares, al deseo de aumentar el patrimonio y poder de sus dinastías; lo demás poco importaba. Los grandes teóricos políticos de las décadas anteriores –Machiavelli, Castiglione, Guicciardini– habían atribuido a los príncipes más capaces un cinismo lúcido que tachaba de hipócrita cualquier sentimiento noble. Cabe sospechar, pues, que bajo este juicio tan trascendental subyacía una trama solapada de presiones e influencias, vinculada no con intereses eclesiásticos sino familiares. De hecho, la presencia dominante de los clanes Barberini,

Medici y Borgia hace pensar en un laberinto inconcebible de clientelismo, y quién sabe si el famoso acuerdo extrajudicial no era debido a que alguien disponía de información secreta en contra de algún otro, al menos durante unas pocas y dichosas semanas. Teniendo presente este mundillo de antecámaras silenciosas y sacristías en penumbra, de miradas significativas y susurros en latín, deberíamos evitar la manía de elaborar interpretaciones filosóficas altruistas de las escasas actas del juicio que han llegado hasta nuestros días desde aquella primavera de 1633. No obstante, junto con unas pocas cartas, son todo cuanto tenemos en materia documental (a menos que salga a la luz más correspondencia de los Barberini). Si de veras tuvieron lugar las acostumbradas intrigas romanas, no sabemos quién estuvo hostigando o engatusando a quién.

Ya hemos visto que entre 1615 y 1632 la postura vaticana en relación a Galileo era de una exquisita ambigüedad, sin decantarse ni por el favor ni por la hostilidad. Esta ambivalencia era connatural a la autocracia, un sistema que ejercita su poder con tanta mayor eficacia cuanto menos sepan a qué atenerse sus súbditos, cuya propia incertidumbre alimenta el temor reverencial a la autoridad. Ahora bien, ¿qué ocurre si aparece un individuo con unas ideas tan sumamente brillantes como potencialmente transgresoras? Si el soberano las acepta, vería reducido su prestigio por comparación, pero si las suprime parecería estúpido y cruel. He ahí el dilema al que se enfrentaba el papa en 1632-33.

Los historiadores manejan dos teorías principales para explicar el fracaso del arreglo extrajudicial de Maculano que dio pie a un juicio tan prolongado y riguroso. Una es que Galileo fue víctima de una confabulación jesuita; la otra, que Urbano VIII intervino con ánimo de venganza y dio al traste con el acuerdo. Puede que las dos sean ciertas, y es mucho, y muy interesante, lo que se ha escrito aventurando otras posibilidades más complejas. Sea como fuere, hay algo indiscutible y es que sin el consentimiento del papa no se podía hacer nada.

A fin de entender a Barberini, un hombre no por vanidoso y temperamental menos culto e inteligente, es importante señalar que tenía razones de diversa índole para estar enojado con Galileo. En primer lugar, tenía motivos personales: este paisano suyo de la Toscana, a quien había alentado, a quien había tratado de «hijo» y «hermano», y admirado tanto como admiraba a Bernini, lo había traicionado en el *Diálogo* al poner su visión teológica en boca de un mentecato pusilánime con el desdichado nombre de Simplicio; además, puede que también creyese que Galileo había recurrido a Ciampoli para engañarlo y que le autorizase el libro. En segundo lugar, Barberini tenía motivos doctrinales relacionados con su cargo de pontífice: Galileo había abrazado el heliocentrismo e invadido terreno bíblico, delitos ambos por los que la Inquisición lo había procesado. En tercer lugar, tal vez tuviese también razones políticas derivadas de sus decisiones como monarca temporal. No es éste el lugar para explicar las pretensiones absolutistas de Urbano VIII a partir de 1627; su catastrófica intromisión en la sucesión mantuana; su apoyo a un poderoso caudillo protestante, Gustavo Adolfo de Suecia; sus torpes intentonas de mediación entre las grandes potencias católicas; ni su provocación a la dinastía española de los Austrias, soberanos del reino de Nápoles, situado justo al sur de los estados papales. En un consistorio secreto celebrado en marzo de 1632, el cardenal Gaspar Borgia, embajador español, atacó al papa con tanta vehemencia que hubo que llamar a la guardia: Barberini era un francófilo empedernido y Roma ardía en rumores de que los españoles querían derrocarlo. Ciampoli había estado involucrado en el incidente, y el pontífice, como hemos visto, siempre dio mucha importancia a la relación entre su secretario y Galileo (cosa que, desde luego, no hacía éste). Bien mirado, lo lógico es suponer que Barberini se sintiese obligado a poner en marcha un aparato institucional imponente que demostrase el control que ejercía sobre el caso Galileo. Un apaño rápido no satisfacía sus necesidades propagandísticas.

Pero el calvario y definitiva condena de Galileo fueron todo lo contrario de lo que el papado de Urbano VIII, con su afán de aunar el humanismo renacentista y la piedad post-trentina, pretendía representar. El caso también fue trágico para él, no sólo para el científico. Mucho tiempo antes, a propósito del decreto de 1616, le había escrito lo siguiente al filósofo Tomás Campanella: «Nunca fue nuestra intención; de haber sido por nosotros, ese decreto jamás se habría dictado». Pero una vez más, como en los días de Pablo V y del cardenal Belarmino, el Vaticano se había negado a mirar, a ver, y a percibir el mundo tal como era y los cielos tal como estaban configurados. Era una suerte de ceguera, como Kepler denunciara con tanta agudeza, aunque en el fondo esta ceguera tenía poco o nada que ver con la óptica, ni con las representaciones astronómicas, ni con ninguna objeción que se pudiera hacer a la creencia galileana en la visión y los datos de los sentidos. No, tenía que ver con la enorme dificultad de mirar fijamente lo que resulta angustioso o perturbador. Es probable que Urbano VIII arrastrase remordimientos por todo este asunto. Años después, cuando Benedetto Castelli le suplicó, por medio de su hermano Antonio, que aceptase la palabra de Galileo de que jamás había pretendido herir sus sentimientos, Barberini respondió –sospecho que con bastante pesar–: «Le creemos, le creemos».

La sentencia de la Santa Congregación, dictada el 22 de junio, declaraba a Galileo culpable de sostener e impartir el copernicanismo, de interpretar las Escrituras a su albedrío, y de obtener mediante engaño el permiso de publicación del *Diálogo*. El certificado de Belarmino se pasó por alto. El delito cometido por Galileo era el de ser «vehementemente sospechoso de herejía», una infracción religiosa a medio camino entre la herejía pura y dura y la temeridad o imprudencia. La pena era el encarcelamiento indefinido, aunque enseguida se le conmutaría parte de esta sentencia. El científico pasaría el resto de su vida bajo arresto domiciliario en Arcetri, una localidad de la provincia de Florencia.

Su retractación del copernicanismo, en el convento de Santa Maria sopra Minerva, allanó el terreno para su penitencia y –desde el punto de vista del Vaticano– la benevolencia con que se le trató. «Repudio, maldigo y aborrezco los susodichos errores y herejías», declaró arrodillado. El cardenal Francesco Barberini no estaba presente. Los cardenales Borgia y Zacchia tampoco.

Epílogo
Invidia

Hay un momento en el *Diálogo* de Galileo en que uno de los partici-
pantes dice algo que en aquella época debió de resultar increíble
y puede que hasta sumamente perturbador. Al leer el pasaje uno
tiene la sensación de estar presenciando uno de los momentos deci-
sivos de la historia del pensamiento humano. En esta parte del debate ficticio ideado por Galileo, Salviati, el paladín de la teoría heliocéntrica, está hablando de la gravedad y del hecho aparente de
que los cuerpos caigan al suelo en línea recta. «Observamos que la
Tierra es esférica», dice, «y por tanto estamos seguros de que tiene
un centro hacia el que vemos moverse todos sus elementos. Nos
vemos obligados a hablar en estos términos porque todos se mue-
ven en perpendicular a la superficie terrestre, y entendemos que
al moverse hacia el centro de la Tierra están moviéndose hacia su
todo, hacia su madre universal. Abandonemos ahora el argumento de que su instinto natural es dirigirse no hacia el centro de la
Tierra, sino hacia el centro del universo; pues no sabemos donde
pueda estar tal centro, ni si existe en absoluto. Y aun en el caso de
que exista, no es sino un punto imaginario; una nada, sin cualidad
ninguna».

Así pues, en una rápida sucesión, Salviati ha afirmado que el
centro de la Tierra no es el centro del universo; que no sabemos
dónde está el centro ni, es más, si existe siquiera; y que aun en el
caso de que exista, es un simple punto sin especial interés. Esta fas-

cinante afirmación, que sitúa a la Tierra en mitad de la nada, contradice no sólo dos mil años de suposiciones académicas relativas a la posición de nuestro planeta, sino también las enseñanzas del teólogo de mayor autoridad de la Iglesia católica, Santo Tomás de Aquino, y la visión del poeta italiano más insigne, Dante Alighieri, cuyo *Inferno* –como gran parte del folklore cristiano– sitúa el infierno en el centro de la Tierra, lo más lejos posible del cielo.

Merece la pena examinar la observación de Salviati. En un primer momento, al ir inmediatamente después de la expresión «su madre universal», suena a metáfora. En general se trata de un tipo práctico que sustenta sus afirmaciones en demostraciones geométricas, pero esta vez no ofrece ninguna; es como si quisiera sacudir a sus contemporáneos para obligarlos a abandonar su autocomplacencia cosmológica, presentando una imagen del universo radicalmente distinta de la que ya poseen y que tan cómoda les resulta. Pero basta reflexionar por un instante para convencernos de que no es una metáfora. Tiene el halo mágico de los tropos, pero es la exposición de un hecho.

Galileo, que además de científico tenía formación musical, era un estilista de la prosa y de vez en cuando escribía versos, siempre reconoció la diferencia entre metáforas y enunciados de hecho. Como ya hemos visto, una de las objeciones que hacía a Aristóteles iba dirigida contra la noción del firmamento, una serie de cuerpos astrales perfectos que giran alrededor de la Tierra, en contraposición a nuestro mundo terrenal, corruptible e imperfecto. Para Galileo, esta jerigonza de corruptibilidad e incorruptibilidad no tenía cabida en la «filosofía matemática», lo que hoy denominamos ciencia: tenía un deje ético o mitológico. Pese a lo mucho que admiraba a Ovidio, Dante y Ariosto, Galileo advirtió en varias ocasiones contra el peligro de que la ciencia se contagiase de procesos mentales propios de la poesía o la especulación metafísica. Ahora bien, cuando escribía de ciencia, no cuando la practicaba, y sobre todo cuando defendía sus ideas contra los ataques potenciales de los teólogos, usaba muchas frases con matices metafóricos, otras que bien podrían interpretarse como metáforas, y otras que, sencillamente, lo eran.

Galileo tenía un agudo sentido del humor. En otro pasaje del *Diálogo*, Salviati habla de un hombre que está dando la vuelta a la Tierra y señala que al cabo de un rato su cabeza habrá recorrido más distancia que sus pies. Por un momento dudamos de si no estaremos leyendo a Edward Lear en lugar de a un genio científico del siglo XVII, hasta que caemos en la cuenta de que la afirmación es literalmente cierta. Pero Galileo va más lejos. En una famosa carta escrita a su amigo el ex arzobispo Piero Dini el 23 de marzo de 1615 –es decir, unos dos años después de empezar a estudiar las manchas solares–, el científico afirma: «Me parece que existe en la naturaleza una sustancia de lo más enérgica, sutil y rápida que se difunde por todo el universo, que lo penetra todo sin resistencia, y que calienta, vivifica y fecunda a todos los seres vivos. Pienso que nuestros propios sentidos nos muestran que el principal receptor de esta sustancia es el Sol, cuya luz se irradia por todo el universo, acompañada de ese espíritu calórico que penetra todos los cuerpos vegetales, animándolos y haciéndolos fructíferos». Esta breve meditación, con su trasfondo de heliolatría mística y su insinuación de que el universo es de constitución orgánica, no estaba dirigida al público en general; quizá no fuese más que una fantasía. Pero no cabe duda de que la metáfora galileana más famosa, la idea del «libro de la naturaleza», la esgrimió el científico como herramienta promocional en su campaña para lograr que la Iglesia aceptase sus tesis astronómicas. «La filosofía», escribió en *El ensayador*, «está escrita en este gran libro, el universo, que permanece en todo momento abierto ante nuestros ojos, pero que no se puede entender a menos que primero comprendamos el lenguaje y reconozcamos las letras que lo componen. Está escrito en el lenguaje de las matemáticas y sus caracteres son triángulos, círculos y otras figuras geométricas, sin las cuales es humanamente imposible entender una sola palabra. Sin ellas, es como dar vueltas en un laberinto oscuro». Galileo aboga aquí por una ciencia matemática capaz de producir resultados cuantificables, al menos según entiende las cantidades la geometría euclidiana; pero de nuevo va más allá: echando mano de una metáfora, da a entender que la naturaleza es un libro, semejante a la Biblia y creado por Dios, que nos ha proporcionado la inteligencia necesaria para descifrarlo y entenderlo. De la misma manera que la Vulgata está escrita con los veinticuatro caracteres del alfabeto latino, este libro tiene su propio lenguaje, el de las matemáticas: hasta ahí parece que la metáfora se sostiene; pero si lo pensamos, podríamos preguntarnos de qué está hablando realmente el científico, pues esta rama de la retórica galileana oscila, para variar, entre lo metafórico y lo puramente fáctico. Al fin y al cabo, el universo no se «compone» de ningún lenguaje; desde el punto de vista técnico, esta metáfora es inadecuada. Lo que está compuesto en el lenguaje de las matemáticas es el proyecto en curso, el «libro», por así decirlo, de la investigación científica; y este «libro» –la biblioteca ideal de todo lo que sabemos y llegaremos a saber de la naturaleza– Galileo lo ha refundido con la imagen –bastante difícil de visualizar mentalmente– del universo como texto infinito. Así pues, el eslogan promocional de «el libro de la naturaleza» –que ya tenía solera en 1623, y que Galileo a veces alterna con «el libro de la filosofía»– puede referirse al universo, a la ciencia, o a los dos a la vez.

Los humanistas italianos del cinquecento y comienzos del seicento dominaban el pensamiento metafórico mucho mejor que nosotros. Con sus dotes para el latín, todos ellos conocían la obra de Cicerón, Longinos y Quintiliano, un verdadero catálogo exhaustivo de las formas y usos de los tropos clásicos. Buena parte de la literatura manierista y barroca, sobre todo la de menos fuste, se reduce en realidad a un laberinto de metáforas hipertrofiadas, algo así como el jardín de monstruos de piedra de Vicino Orsini en Bomarzo, cerca de Viterbo, que todos sabemos que debe de significar algo aunque nos cueste Dios y ayuda averiguarlo. Y Galileo, desde luego, formaba parte de esta cultura: su propia contribución a la literatura poética contiene, entre otras rarezas, dos conferencias sobre el *Inferno* de Dante, más matemáticas que literarias, y un escueto poemario titulado *Le rime*.

Las «lecciones» de Galileo sobre la estructura geométrica del *Inferno*, impartidas en dos sesiones consecutivas de la Academia Florentina a finales de 1587 o comienzos de 1588, eran un pasatiempo geométrico de juventud. Aunque carecen de interés científico, nos recuerdan el contenido poético de su vida. Cuando digo contenido poético me refiero a la escenografía de los anhelos de un hombre o mujer, que puede estar relacionada con un amor perdido, una casa en construcción, la ciudad de la que uno se ha exiliado, o cualquier cosa que dé sentido a las ensoñaciones más profundas de una persona. Ni que decir tiene que existen individuos cuyas vidas carecen de contenido poético –no todo el mundo es dado a la comunión consigo mismo–, pero Galileo estaba obsesionado con la historia de su vida, que, a su juicio, era el romance de un gran filósofo de la naturaleza, el relato de sus gloriosos descubrimientos y de la derrota de sus enemigos, esos calumniadores envidiosos. Y, curiosamente, hay que decir que se podría escribir una novela barroca sobre la vida de Galileo. El hecho de que el pisano, a tan tierna edad, pronunciase conferencias sobre un mundo imaginario, y con el correr del tiempo terminase describiendo el siste-

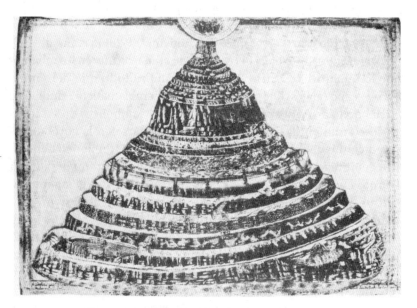

Ilustración de Botticelli del Inferno de Dante.

En dos conferencias pronunciadas ante la Academia Florentia en 1587 o 1588, Galileo analizó el *Inferno* dantesco como una serie de secciones cónicas.

ma solar y defendiendo sus tesis contra quienes objetaban que eran producto de su imaginación, no está exento de cierta lógica poética, como si él mismo estuviese viviendo una metáfora. En sus charlas sobre Dante, Galileo explicó el tratado «Sobre el emplazamiento, forma y medida del Infierno y de los gigantes y Lucifer», de Antonio Manetti, un arquitecto florentino de finales del siglo XV, y en las figuras que dibujó para los asistentes recurrió en repetidas ocasiones a la sección cónica. Aunque no han sobrevivido, por fuerza debían de parecer versiones geométricas y regularizadas de la famosa ilustración que del *Inferno* hiciera Botticelli.

Los poemas de Galileo, escritos de forma esporádica, acusan la influencia de Francesco Berni, el ingenioso y brillante satirista de Pistoia que murió en 1535 sin haber cumplido los cuarenta. La composición más interesante del pisano, escrita en algún momento entre 1589 y 1592, versa sobre la obligación de vestir la toga académica y establece una comparación, forzada pero habitual en aquella época, entre ciertas prácticas sexuales y el estilo aristotélico de razonar. Leyendo estos versos uno ve de repente a Galileo como un anfibio, igual de a gusto en la tierra firme de la ciencia que en los rabiones de lo metafórico. Mario Biagioli ha analizado lo que denomina «las excepcionales dotes del pisano para lo emblemático», aludiendo a su habilidad para aprovechar los aspectos simbólicos de sus ideas y descubrimientos con el fin de promocionarse en la corte de los Medici, una faceta clave de su conducta social. En aquella época, los científicos de renombre no ocupaban cátedras remuneradas ni cargos en las juntas directivas de empresas punteras de ingeniería, ni sus descubrimientos gozaban de protección legal ni se premiaban con el Nobel. Acuciado por problemas financieros después incluso de 1610, cuando se le nombró filósofo de la corte, Galileo tenía que defenderse de una horda de detractores de poca monta, saqueadores de la propiedad intelectual y rivales astronómicos y teológicos de envergadura. Pero a pesar de verse hostigado de continuo, casi literalmente, por bandadas rencorosas y agresivas de *colombi* –o «palomos», término que él mismo derivó del nombre de uno de sus principales adversarios aristotélicos, Ludovico delle Colombe–, lo cierto es que supo convertir su verdad en algo más, un objeto más apasionante y de mayor carga emocional: el mito de sí mismo, el mito de Galileo.

Una prueba de que este mito tenía una base real la constituyen las advertencias que los amigos íntimos del pisano le hacían por carta acerca de la envidia e inquina de sus rivales, tan numerosas que resultaría tedioso detallarlas aquí. No obstante, resulta de especial interés la correspondencia que mantuvo Galileo con el pintor toscano Ludovico Cigoli, quien, como recordará el lector, recibió en 1610-12 el encargo de decorar, junto con Domenico Passignano, la bóveda de la capilla paulina de Santa Maria Maggiore, en Roma. Cigoli y Galileo se profesaban una gran admiración y afecto, aunque el primero, como una especie de hermano mayor, no dudaba en criticar el estilo literario del segundo cuando se tornaba más pomposo de la cuenta. En las cartas de Cigoli se aprecia que estaba amargado por la envidia de otros pintores que se habían quedado sin la encomienda de la decoración de la bóveda: «mi satisfacción», confesaba, «lleva aparejada enorme pesadumbre». Aunque sólo se conservan dos cartas de Galileo por veintinueve del pintor, buena parte del intercambio trata claramente de las maledicencias que ambos padecían: el pintor, el más prudente y sereno de los dos, recurre a sus vicisitudes para calmar al científico, que se hallaba alterado por el menosprecio de que era objeto, y para animarlo a perseverar en sus investigaciones y en su afán de publicar. En 1607 Cigoli ya había pintado una extraña obra titulada *Deposición*, en la que se veían tanto el Sol como la luna y que, como sostiene convincentemente Eileen Reeves, acusaba un manifiesto sesgo pro copernicano, llegando incluso a insinuar, por medios pictóricos, que oponerse al heliocentrismo significaba volver la espalda al mundo tal como Dios lo creara.

En octubre de 1610 nos encontramos a Cigoli informando con pesar a Galileo de que el padre Clavio, el anciano astrónomo jefe del Collegio Romano, la institución jesuita, le había dicho a un amigo del pintor que se reía de las lunas de Júpiter y que para convencer a alguien de su existencia haría falta fabricar un catalejo que primero las crease por arte de magia y luego las mostrase, y que, si quería, le hiciese llegar su opinión a Galileo y a él la suya. Cigoli también advierte al científico de las posibles consecuencias negativas que traería consigo la publicación de *El ensayador* en italiano, pues cualquiera podría leerlo y atacarlo. «Pues les irritaría y armarían un escándalo por el hecho de que [otra persona] haya inventado el catalejo [...], y te digo todo esto, mi querido amigo, para que puedas prepararte y tus enemigos no te sorprendan desarmado». En noviembre Cigoli le comunica a Galileo que está exhibiendo con orgullo sus cartas y le dice que no se desanime «pues los comienzos siempre son difíciles para quienes tienen las ideas anquilosadas y se han estancado en una opinión. Pero al final se impondrá la verdad». En enero de 1616 ya está en condiciones de informarle de que el padre Clavio ha confirmado a regañadientes la existencia de las lunas de Júpiter, pero en el verano le advierte de las intrigas de sus adversarios aristotélicos –probablemente los seguidores de Ludovico delle Colombe–, que «plantan minas a [sus] espaldas», y le sugiere que «eche por tierra públicamente las opiniones» de sus rivales. Un poco más adelante, el pintor se entera de la insistencia de Clavio en la homogeneidad absoluta de la superficie lunar. «Lo he pensado largo y tendido», dice, «y sólo se me ocurre una justificación: que un matemático, por ilustre que sea, si carece de ideas, no sólo es un matemático demediado, sino un hombre sin ojos».

Hacia el otoño anuncia Cigoli que Passignano ha recibido un telescopio desde Venecia y que ha empezado a observar las manchas solares, que «parecen moverse dentro del cuerpo del Sol». A partir de aquí, durante toda su estancia en Roma, hará llegar a Galileo una cantidad considerable de información acerca de las manchas, inclusive un diagrama de la rudimentaria cámara oscura ideada por Passignano y una lente verde cóncava para observar el Sol. Resulta enternecedor cómo se ha designado a sí mismo ayudante de Galileo. No obstante, se suceden las advertencias sobre Ludovico delle Colombe, sobre la envidia, y sobre los *maledicenti*. Un tal arzobispo Marzimedici, dice Cigoli, anda convenciendo a un predicador de que escriba una invectiva contra Galileo a cuento del movimiento de la Tierra, pero el pintor asegura a su amigo que lo avisará si se produce alguna novedad verdaderamente adversa. Durante buena parte de 1612 Cigoli le envía observaciones de las manchas solares,

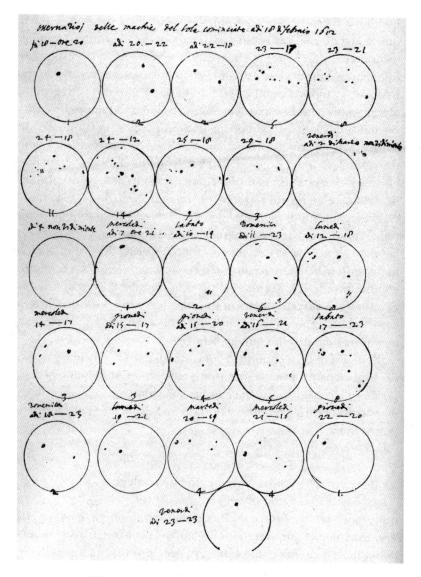

Dibujos de las manchas solares obra de Cigoli.

Una hoja de dibujos de manchas solares enviada por Cigoli a Galileo a comienzos de 1612.

incluidos algunos dibujos minuciosos; en cierta ocasión le señala que acaba de realizar veintiséis avistamientos diferentes. También le hace saber, sin poder apenas ocultar su regocijo, que Passignano, hombre de natural serio y dogmático, por fin parecía reconocer que había observado la paralaje estelar. Pero en otoño de 1612 vuelve el tono apesadumbrado: los aristotélicos, dice Cigoli, no buscan la verdad sino mantener sus arraigadas posiciones sociales, y la controversia de su amigo con Scheiner ha llegado a sus oídos. El pintor retoma el tema de la *invidia* y de los conciliábulos de malhechores y charlatanes; algunos difamadores lo acusan de pintar a hurtadillas en óleo, no al fresco; y se ha percatado de las reservas de Galileo a la hora de permitir que el príncipe Cesi publique determinadas misivas harto elocuentes –lo que serían las *Cartas sobre las manchas solares*–: bajo ningún concepto debería permitir que nadie lo disuadiese. «Hazlo, hazlo», le dice, «no te traiciones a ti mismo, como nunca lo has hecho en el pasado. Escribe la verdad, sin exagerarla y sin buscar adulación ni ceder terreno a los caprichos de la fortuna; y no aminores la marcha por su culpa, ya sean palomas o gansos: ríete de ellos, amigo Galileo».

Pero a veces era el pintor el que andaba de capa caída, y entonces le gustaba decir –con un suspiro exagerado, suponemos– *Cigoli per il vento va via*, «a Cigoli se lo lleva el viento», un irónico juego de palabras con su nombre y uno de los versos más famosos de la poesía italiana,

> *E cigola per vento che va via*
> Y silba en el viento que se aleja,

que figura en la historia de Pier della Vigna, en el *Inferno* (XIII, 42). Este pasaje, que casi todos los italianos cultos sabían –y saben– de memoria, cuenta cómo Dante, el protagonista, caminando con Virgilio por el Séptimo Cielo, se topa con el espantoso Bosque de los Suicidas, y allí, al quebrar una ramita de un arbusto, escucha el grito «¿Por qué me desgarras?», como si una ráfaga de aire se escapase de la rama incandescente. El cuento de Dante estaba basado en un hecho tristemente real. Pier della Vigna había sido víctima de

calumnias, esas hijas de la «ramera» Invidia, en la corte de Federico II de Nápoles; la envidia lo obligó a tornarse «injusto contra sí
mismo» y, presa de la desesperación, terminó quitándose la vida.
Más adelante, en *Purgatorio* XIII, Dante describe el castigo que espera a los envidiosos, que tendrán que soportar que cosan sus ojos con
fili di ferro, hilos de hierro, lo que tal vez explique en parte la observación de Cigoli de que el padre Clavio era «un hombre sin ojos».
En el habla italiana de la época, el término *invidia* solía tener con-
notaciones dantescas. Los envidiosos se niegan a ver; o si lo hacen
es sólo para codiciar lo que no es suyo.

Hay en la galería Uffizi un par de dibujos de Cigoli que, según
identificó Miles Chappell en 1975, son estudios para una alegoría
de Invidia destinada a Galileo, cabe presumir que una alusión a lo
que el científico estaba padeciendo a manos de sus enemigos y
difamadores. Los dibujos muestran a Virtud, en forma de una don-
cella de apariencia idealizada, dominando a Invidia, una bruja horri-
ble con el pelo como la Medusa que se encoge detrás de una roca.
Virtud aparece medio metamorfoseada en árbol o arbusto, por lo
que Chappell apunta una posible relación con la ninfa Dafne, que
se convirtió en laurel para que no la violase Apolo. Pero Dafne no
estaba asociada a la virtud ni Apolo a la envidia, luego es mucho más
factible que Cigoli tuviese en mente el sonido sibilante de su nombre y al pobre Pier della Vigna. Así pues, lo más probable es que
estos dibujos representen de forma emblemática a la Verdad en forma de una figura «dellavignesca» que triunfa sobre el maligno acoso de Invidia. Como imágenes, constituyen la encarnación perfecta del lado oscuro y conspiratorio del mito de Galileo.

La envidia es el resentimiento que nos provoca el hecho de que
otros tengan algo que nosotros no tenemos. En el catálogo de los
pecados, la envidia presenta diversas modalidades. La principal son
los celos, es decir, el temor a que otro se lleve o se haya llevado ya lo
que es nuestro. Podría decirse que otra modalidad es la pretensión,
esto es, el anhelo de que las cosas sean tal como nosotros las vemos,
y la incapacidad o negativa a verlas de otra forma, por lo general
menos halagüeña. La envidia, los celos y la pretensión son todos
fruto del amor propio. Cuando Galileo y sus partidarios hablan de

Invidia de Cigoli.

La Virtud o la Verdad amenazadas por la Envidia. Cigoli, el autor del dibujo, consideraba que tanto él como Galileo eran objeto de una implacable envidia social, de ahí esta obra, concebida con el científico en mente.

la envidia están hablando, hasta cierto punto, de la pretensión de quienes se niegan a ver el mundo tal como Dios lo ha creado y sólo quieren verlo como ellos, por motivos vanos y egoístas, preferirían que fuese. Cuando Galileo aconsejaba sutilmente a los cristianos que evitasen esas contorsiones, qué duda cabe que no lo hacía altruistamente por el bien de la Iglesia sino, más que nada, para proteger sus propios intereses científicos. Pero era un consejo muy sabio.

Notas

Prólogo. La citación

p. 19   *El ensayador:* véase Galileo Galilei, *Discoveries and Opinions of Galileo* (ed. y trad. Stillman Drake), Doubleday Anchor Books, Garden City, N.Y., 1957, pp. 256-258.

p. 21   «No conseguía acallar»: *Ibid.*

p. 23   Erwin Panofsky y Eileen Reeves: véase Erwin Panofsky, *Galileo as a Critic of the Arts,* M. Nihoff, La Haya, 1954; y Eileen Reeves, *Painting the Heavens: Art and Science in the Age of Galileo,* Princeton University Press, Princeton, N.J., 1997.

p. 23   «El artista toscano»: Señalado por Reeves, *Painting the Heavens,* p. 13.

p. 24   «Cifrada» o «indexada» en la memoria de un individuo: he extraído estos dos ejemplos de la p. 486 del ensayo de Richard Boyd «Metaphor and Theory Change: What Is a "Metaphor" a Metaphor for?» incluido en Andrew Ortony, ed., *Metaphor and Thought,* Cambridge University Press, Cambridge, U.K., 1979, pp. 480-532. Véase también Ricardo Nirenberg, «Metaphor: The Color of Being,» en Louis Armand, ed., *Contemporary Poetics,* Northwestern University Press, Evanston, Ill., 2007, pp. 153-174.

Galileo Galilei y Maffeo Barberini

p. 26   La biografía de Viviani: el «Racconto istorico» Vincenzo Viviani está incluido en el vol. 19, pp. 597-632, de Galileo Galilei, *Le opere di Galileo Galilei* (ed. Antonio Favaro), Barbera, Florencia, 1929-39. En lo sucesivo abreviado como *OGG*.

p. 26   Dinámica aristotélica: Para un análisis de la ausencia de la idea de fuerza en Aristóteles, véase Paul Tannery, «Galileo and the Principles of Dynamics,» incluido en Ernan McMullin, ed., *Galileo Man of Science*, Basic Books, Nueva York, 1968, pp. 163-177.

p. 27   Ilustración entomológica: Para un ejemplo, véase Stillman Drake, *Galileo at Work: His Scientific Biography*, University of Chicago Press, Chicago, 1978, p. 290.

p. 27   «Teoría del espejo esférico cóncavo»: Para una ilustración especialmente buena del hipotético diagrama de rayos de Galileo véase Edward R. Tufte, *Beautiful Evidence*, Graphic Press, Cheshire, Conn., 2006, pp. 80-81.

p. 28   Además de considerar a Ariosto: Todos los «Scritti letterari» de Galileo figuran en *OGG*, vol. 9.

p. 28   Ensayo crítico sobre la *Jerusalén libertada* de Tasso: Se trata de la «Considerazioni al Tasso,» en *OGG*, vol. 9, pp. 63-148.

p. 28   Anamorfosis: Véanse las «Considerazioni,» *ibid.*, pp. 129-130.

p. 29   Enseñó perspectiva: La perspectiva, una técnica de dibujo derivada de la óptica geométrica, formaba parte del programa de matemáticas de muchas universidades italianas a finales del siglo XVI. Que yo sepa no hay testimonios de que Galileo la impartiese, pero solía referirse a ella en sus cartas a Ludovico Cigoli y no cabe duda de que la dominaría con facilidad.

p. 29   Profusos tratados que se acababan de publicar sobre el tema [de la perspectiva]: Entre otros, *Comendarius di F. Commandinus*, Venecia, 1558; Lorenzo Sirigatti, *Pratico della prospettiva*, 1596; Giordano Nunonario y Guidobaldo Dal Monte, *Perspectivae Libri Sex*, Pésaro, 1600.

p. 29   Como ya han apuntado otros autores: Panofsky, *Galileo as a Critic of the Arts*, y Reeves, *Painting the Heavens*.

p. 30   Como señala William R. Shea: Véase William R. Shea, *Galileo's Intellectual Revolution*, Neale Watson Academic, Nueva York, 1972, pp. 39-40. [Trad. española: *La revolución intelectual de Galileo*, Ariel, Barcelona, 1983]

p. 30   La cosmovisión de Aristóteles: según se explica en *De Caelo*. Véase *On the Heavens* [Greek and English] (trad. W. K. C. Guthrie), Heinemann, Londres, 1939, en especial el Libro 2, pp. 130-255. [Trad. española: *Acerca del cielo*, Gredos, Madrid, 1996]

p. 33   El concepto matemático de integración: Véase Galileo Galilei, *Dialogue Concerning the Two Chief World Systems–Ptolemaic & Copernican* (trad. Stillman Drake), University of California Press, Berkeley, 1967, pp. 228-229 [Trad. española: *Diálogo sobre los dos máximos sistemas del mundo ptolemaico y copernicano*, Alianza, Madrid, 1995]. Para la comparación de conjuntos infinitos, véase Galileo Galilei, *Dialogue on the Two New Sciences* (1638) (trad. Henry Crew and Alfonso de Salvio), Macmillan, Nueva York, 1914, p. 30ff. [Trad. española: *Consideraciones y demostraciones matemáticas sobre dos nuevas ciencias*, Editora Nacional, Madrid, 1981.]

p. 37   El airado florentino le espetó a Pablo V: Para este incidente he recurrido a: Herrera, «Memorie intorno la vita d'Urbano VIII,» Barb. 4901, Biblioteca Apostolica Vaticana, pp. 48-50, que aparece citado en Ludwig [Freiherr] von Pastor, *The History of the Popes* (trad. Ernest Graf), Kegan, Paul, French, Trubner & Co., Londres, 1937, vol. 26, p. 387, n. 4; Herrera vuelve a aparecer citado en Paolo Portoghesi, *Roma barocca: storia di una civiltà architettonica*, C. Bestetti, Roma, 1966, p. 54.

p. 39   Sus versos: véase *Maphaei S.R.E., Card. Barberini nunc Urbani PP VIII poemata*, ex typographia R. Cam. Apost., Romae, 1631. Véase también Lucia Franciosi, «Immagini e poesia alla corte di Urbano VIII,» en Marcello Fagiolo, ed., *Gian Lorenzo Bernini e le arti visive*, Istituto della Enciclopedia italiana, Roma, 1987, pp. 85-90. La poesía de Maffeo Barberini consiste en paráfrasis de los Salmos, odas sagradas, reflexiones sobre la naturaleza efímera de la vida, y algún que otro verso congratulatorio. Reconozco que no he leído mucho, aunque he estudiado el análisis de Franciosi. He aquí un ejemplo del ultimo tipo de versos, ligeramente corregido («Poemata,» p. 113):

> *Serio desiderium fugacis*
> *Vitae fascinat! Ut trahit voluptas!*
> *Ut cor abripit aura blanda plausus,*
> *Implicat laqueis opum cupido,*
> *Fallit Ambitio, tenetq[ue] luxus!*
> *Stulti quid sequimur [c]aduca? Fulgens*
> *Caeli Regia nos vocat; sed armis*
> *Obniti Pietatis est necesse*
> *Contra nequitiae dolos.*

p. 41 El papa estaba extraordinariamente bien dispuesto: Para una crónica detallada de este afecto inicial, incluidos los ejemplos ofrecidos aquí, véase Antonio Favaro, «Gli oppositori di Galileo: VI, Maffeo Barberini,» *Atti del Reale Istituto Veneto di Scienze, Lettere ed Arti*, vol. 80, 1920-21, pp. 1-16, y vol. 81, pp. 17-46.

El telescopio, o el afán de ver

p. 49 En una carta dirigida a Galileo el 28 de marzo de 1661, Johannes Kepler: Carta 611 de M. Caspar et al., eds., *Johannes Kepler Gesammelte Werke*, C. H. Becksche Verlag, Munich, 1937, vol. 16, p. 372.

p. 49 Stillman Drake señala, «Galileo's Steps to Full Copernicanism and Back,» *Studies in the History and Philosophy of Science*, vol. 18, n.º 1, 1987, pp. 93-105.

p. 49 Misiva de 1597 dirigida a Jacopo Mazzoni: Para un análisis, véase Stillman Drake, *Galileo at Work: His Scientific Biography*, University of Chicago Press, Chicago, 1978, p. 40. [Trad. española, *Galileo*, Alianza, Madrid, 1984.]

p. 50 *Ex suppositione*: Para un análisis exhaustivo de las multiples formas del razonamiento supositivo aristotélico –la mayoría de las cuales no usaba Galileo–, véase William A. Wallace, «Aristotle and Galileo: The Use of Hipótesis (*Suppositio*) in Scientific Reasoning,» *Studies in Aristotle*, vol. 9, 1981, pp. 47-77.

p. 50 Galileo escribió a Kepler: El 4 de agosto; véase *OGG*, vol. 10, pp. 67-68.

p. 50 Tres conferencias en la universidad de Padua: Sólo se conservan minúsculos fragmentos de estas conferencias. Véase Drake, *Galileo at Work*, pp. 104-106.

p. 52 Ronchi aventuró una explicación: Vasco Ronchi expuso esta tesis en su obra *Nature of Light: An Historical Survey* (trans. V. Barocas), William Heinemann, Londres, 1970.

p. 52 La rechazó enérgicamente en 1972 el estadounidense David C. Lindberg: David C. Lindberg y Nicholas H. Steneck, «The Sense of Vision and the Origin of Modern Science,» en Allen G. Debus, ed., *Science, Medicine, and Society in the Renaissance: Essays to Honor Walter Pagel*, Heinemann, Londres, 1972, vol. 1, pp. 29-45.

p. 53 Una distancia focal de entre 30 y 50 centímetros: cito cifras de Albert Van Helden. Véase Albert Van Helden, «The Invention of the Telescope,» *Transactions of the American Philosophical Society*, vol. 67, n.º 4, 1977, p. 11.

p. 54   Los primeros catalejos: Véase Engel Sluiter, «The Telescope before Galileo,» *Journal for the History of Astronomy*, vol. 28, 1997, pp. 223-234, y Colin A. Ronan, G. L'E. Turner, *et al.*, «Was There an Elizabethan Telescope?» *Bulletin of the Scientific Instrument Society*, vol. 37, 1993, pp. 2-10.

p. 54   El primer telescopio: Véase Van Helden, «Invention of the Telescope,» p. 42.

p. 55   «Llegó a mis oídos la noticia»: Galilei, *Discoveries and Opinions*, pp. 28-29.

p. 56   «Llegó la noticia»: De *OGG*, vol. 6, pp. 258-259. Traducido por Stillman Drake y C. D. O'Malley, *The Controversy on the Comets of 1618: Galileo Galilei, Horatio Grassi, Mario Guiducci, Johann Kepler*, University of Philadelphia Press, Philadelphia, 1960, pp. 212-213, citado en Van Helden, «Invention of the Telescope.»

p. 56   «Mi razonamiento»: From *OGG*, vol. 4, pp. 258-259. Traducido por Albert Van Helden, «Galileo and the Telescope,» en Paolo Galluzzo, ed., *Novità celesti e crisi del sapere*, Giunti, Florencia, 1984, p. 152.

p. 56   La rivalidad con el holandés: Narrado en la carta de Galileo a Beneditto Landucci, 29 de agosto de 1609, en *OGG*, vol. 10, p. 253.

p. 57   Galileo dirigió la siguiente misiva al dogo: Véase *OGG*, vol. 10, p. 250.

p. 59   Esta descripción del telescopio galileano se basa en su mayor parte en la explicación, sumamente clara, de Tom Pope y Jim Mosher, «Galilean Telescope Homepage,» disponible en *www.pacifier. com/tpope/Galilean_Optics_Page.htm*, que consulté por última vez el 27 de julio de 2008.

p. 62   Una carta desde Arcetri a Fortunio Liceti: From *OGG*, vol. 18, p. 233, citada en Vasco Ronchi, *Il Cannocchiale di Galileo e la scienza del Seicento*, Edizioni Scientifiche Einaudi, Torino, 1958, p. 139.

p. 62   Galileo trataba el tema del aumento con suma cautela: Véase «The Starry Messenger,» en Galilei, *Discoveries and Opinions*, p. 30. En el pasaje que comienza: «Ahora, con el fin de determinar la potencia de aumento de un instrumento...,», Galileo se muestra lo bastante locuaz como para ofrecer al lector la siguiente información: «Dibújense dos círculos o dos cuadrados en sendos pedazos de papel, siendo una de las figuras cuatrocientas veinte veces mayor que la otra [es decir, veinte veces más ancha]. Cuélgense en la misma pared y obsérvense de lejos, la más pequeña con un ojo aplicado a la lente y la otra con el otro ojo, a simple vista; se puede hacer fácilmente con los dos ojos abiertos al mismo tiempo. Si el instrumento amplía los objetos con arreglo a la proporción deseada [×20], las dos figuras parecerán tener el mismo tamaño». Muy bien, de acuerdo, pero no dice nada de cómo fabricar un telescopio. El texto es tan obvio que parece dirigido a lectores que ni siquiera hubiesen usado jamás unas gafas.

p. 62 Ya hemos mencionado a sus competidores: Véase Mario Biagoli, *Galileo's Instruments of Credit: Telescopes, Images, Secrecy*, University of Chicago Press, Chicago, 2006, p. 93ff.

p. 63 «Y paso a describirlo»: Carta de Giovanni Battista della Porta a Federico Cesi, 28 de agosto de 1609, de *OGG*, vol. 10. Traducida por Van Helden, «Invention of the Telescope,» p. 44.

p. 65 Ippolito Francini: Véase Albert Van Helden, *Catalogue of Early Telescopes*, Istituto e Museo di Storia delle Scienze/Giunti, Florencia, 1999, p. 30.

p. 65 La composición de las lentes de Galileo: La información ofrecida se basa en la entrevista que mantuve con el doctor Giorgio Strano del Instituto y Museo de Historia de la Ciencia de Florencia.

p. 68 A las primeras, de gran tamaño: De «The Starry Messenger,» en Galilei, *Discoveries and Opinions*, p. 31.

p. 69 «La superficie de la luna»: *Ibid.*, p. 31.

p. 69 La carta a Antonio de Medici: De *OGG*, vol. 10, pp. 273-278.

p. 69 «En la Tierra, antes del amanecer»: De «The Starry Messenger» en Galilei, *Discoveries and Opinions*, p. 33. Para la demostración geométrica de la altura mínima de una montaña lunar que se cita aquí, véase *ibid.*, pp. 31-42.

p. 74 C. W. Adams descubrió: C. W. Adams, «A Note on Galileo's Determination of the Height of Lunar Mountains,» *Isis*, vol. 17, 1932, pp. 427-429.

p. 74 En la larga carta: De *OGG*, vol. 10, pp. 273-278.

p. 74 Escribió a su amigo Belisario Vinta: De *OGG*, vol. 10, p. 280.

p. 75 Galileo no tardó en sacar la conclusión de que eran lunas: Galilei, *Discoveries and Opinions*, p. 57.

p. 76   Manufacturó muchos cientos de telescopios: Véase Biagoli, *Galileo's Instruments of Credit*, pp. 90-94.

p. 80   Por fin, en octubre de 1610: Para la fecha, véase la carta del 30 de diciembre de 1610 a Benedetto Castelli, en *OGG*, vol. 10, pp. 502-504.

p. 82   Si sus observaciones anteriores: Para las *Cartas sobre las manchas solares*, véase Galilei, *Discoveries and Opinions*, pp. 59-85.

p. 83   «He de confesar a Su Excelencia»: *Ibid.*, p. 113.

p. 84   Carrington: Para visualizar el descubrimiento de Richard Carrington, recordemos que la Tierra rota de oeste a este e imaginemos a continuación una nube que, aun rotando asimismo de oeste a este, tenga su propio movimiento, mucho más lento que el de la rotación de la Tierra. Con respecto a la longitud, su movimiento es de este a oeste.

p. 84   «Creo haber observado»: *Ibid.*, p. 130.

p. 85   Eje de inclinación del Sol: *Ibid.*, p. 125.

p. 85   «Para corroborar el resto del sistema [copernicano]»: *Ibid.*, p. 144.

p. 85   «Este planeta, no menos que»: *Ibid.*, p. 144.

p. 85   Cesare Cremonini: Véase Biagioli, *Galileo's Instruments of Credit*, p. 113.

p. 85   Giulio Libri: Véase Drake, *Galileo at Work*, p. 162.

p. 85   Martin Horky escribió una carta a Kepler: De *OGG*, vol. 10, pp. 142-143.

p. 85   La etimología clásica de la palabra «envidia»: Con respecto a la envidia, Charles S. Singleton escribe (en *Dante Alighieri: The Divine Comedy: Inferno: 2. Commentary*, Bolligen Series LXXX, Princeton University Press, Princeton, NJ, 1970, p. 213): «El pecado de envidia se considera, antes que nada, un movimiento de los ojos. Así, en *Purg.* XIII, las almas se purgan del mismo cosiendo los párpados de los pecadores. Pietro di Dante, en comentario a *Purg.* XIII, afirma: «Invidia facit, quod non videatur, quod expedit videre; et ideo dicitur *invidia*, quasi *non visio*.» («La envidia impide ver lo que debería verse. Y por tanto se llama *invidia*, que es casi como decir «no visión».») [Así también] las *Magnae derivationes* de Uguccione da Pisa: «Invideo tibi, idest non video tibi, idest non fero videre te bene agentem.» («Te envidio, es decir: no te veo; es decir, no soporto verte tan bien».) Esta etimología se remonta al gramático latino Prisciano (hacia el 500 d.C.) y antes de él, a Cicerón.

p. 86 «Debo hacer referencia a una severa objeción»: citado en Ronchi, *Cannocchiale di Galileo*, p. 139. Por *cronicatori* entiendo «cronistas de las estrellas», esto es, aquéllos que toman nota de la hora exacta a la que salen y se ponen las estrellas.

p. 87 El problema de la confirmación: Biagioli, *Galileo's Instruments of Credit*, pp. 27-44, 132.

p. 87 Una rudimentaria cámara oscura: Todo este asunto se describe mejor en *ibid.*, p. 192, n. 141.

p. 88 Sesiones públicas: Véase *ibid.*, pp. 86-90.

p. 88 Los dibujos en aguada que hizo Galileo: Véase *OGG*, vol. 10, p. 274ff.

p. 89 En cuya elaboración parece ser que Galileo participó en gran medida: Véase Horst Bredekamp, *Galilei der Kunstler: Der Mond. Die Sonne. Die Hand*, Akademie Verlag, Berlín, 2007, p. 189ff; bajo el epígrafe «Galilei als Stecher?» Bredekamp, tras examinar el sombreado de los cráteres lunares y compararlo con los dibujos de Galileo, escribe, «Cabe sospechar que Galileo, apurado por la inminencia de la fecha de publicación del libro, también tuvo su fase de artista plástico».

p. 91 Gugliemo Righini: Para un análisis, véase M. L. Righini Bonelli y William R. Shea, eds., *Reason, Experiment, and Mysticism in the Scientific Revolution*, Macmillan, Nueva York, 1975, pp. 59-76.

p. 94 El padre Cristóforo Clavio: Véase Reeves, *Painting the Heavens*, p. 151.

p. 94 La otra tradición: De las muchas obras que analizan la doctrina de la inmaculada concepción, véase especialmente Jaroslav Pelikan, *Mary through the Centuries: Her Place in the History of Culture*, Yale University Press, New Haven, Conn., 1996, pp. 177-200.

p. 95 Gallanzone Gallanzoni: Un *cavaliere* de Rímini, a la sazón secretario del cardenal Joyeuse. Véase la carta de Galileo a Gallanzone, del 16 de Julio de 1611, en *OGG*, vol. 11, p. 143, y el comentario a la misma en Reeves, *Painting the Heavens*, pp. 17-18, 216-220, que ve en ella «una crítica implícita de la pujante doctrina de la Inmaculada Concepción, el fundamento de muchas de las asociaciones marianas con la luna».

p. 98 «Poseen, por así decirlo»: Johannes Kepler, *Conversations with the Sidereal Messenger* (trad. y ed. Edward Rosen), Johnson Reprint Corporation, Nueva York, 1965, p. 28. [Trad. española, *Conversaciones con el mensajero sideral*, Alianza, Madrid, 2007.]

p. 99 Bóveda pintada: Véase John Shearman, «The Chigi Chapel in S. Maria del Popolo,» *Journal of the Warburg and Courtauld Institute*, vol. 24, 1961, p. 138ff, y Philippe Morel, «Morfologia delle cupole dipinte da Correggio a Lanfranco,» *Bolletino d'arte*, ser. 6, vol. 69, n.º 23, 1984, pp. 1-34.

p. 100 *Invidia* implicaba: Véase Reeves, *Painting the Heavens*, p. 17.

p. 100 Cigoli, que a la sazón residía en Roma, escribió a Galileo: De OGG, vol. 10, pp. 290-291.

p. 102 Passignano: Véase de nuevo Biagioli, *Galileo's Instruments of Credit*, p. 192, n. 141; también Reeves, *Painting the Heavens*, p. 5.

p. 105 Samuel Edgerton: Samuel Y. Edgerton, *The Renaissance Rediscovery of Linear Perspective*, Basic Books, Nueva York, 1975, p. 162. La familiaridad de Giotto con la óptica de Alhacén, sospechada desde hace mucho tiempo, la ha confirmado Giuliano Pisani en el número de enero de 2008 del *Bolletino del museo civico di Padova*. Aunque la confirmación de Pisani ha recibido amplia cobertura en la prensa italiana, no he sido capaz de hacerme con una copia.

p. 108 Decreto en el que condenaba el copernicanismo: Maurice A. Finocchiaro, ed. y trad., *The Galileo Affair: A Documentary History*, University of California Press, Berkeley, 1989, pp. 146-150.

p. 109 Belarmino lo advirtió: *Ibid.*, pp. 147-148.

p. 110 «Afirmo que siempre que se obtenga»: Traducido por Richard J. Blackwell en *Galileo, Bellarmine, and the Bible: Including a Translation of Foscarini's Letter on the Motion of the Earth*, University of Notre Dame Press, Notre Dame, Ind., 1991, p. 266.

p. 110 «Consideraciones sobre la opinión copernicana»: Esto puede encontrarse en Finocchiaro, *Galileo Affair*, pp. 70-86.

p. 111 Se trata de un sofismo circular: Véase Guido Morpurgo-Tagliabue, *I Processi di Galileo e l'epistemologia*, Armando, Roma, 1981, pp. 51-59.

p. 112 Francesco Ingoli: Véase *OGG*, vol. 5, pp. 403-412. Ingoli fue nombrado asesor del Santo Oficio y reconocido como crítico anticopernicano –y por extensión anti-galileano– cuasi oficial sólo después de escribir este ensayo, por lo demás muy flojo. Véase Annibale Fantoli, *Galileo, for Copernicanism and for the Church* (trans. George V. Coyne), Vatican Observatory Publications, Ciudad del Vaticano, 1996, p. 255, n. 50.

p. 112 Refutó cortésmente: Véase «La respuesta de Galileo a Ingoli (1624)» en Finocchiaro, *Galileo Affair*, pp. 154-197.

p. 113   La expresión de Stillman Drake: Véase Galilei, *Discoveries and Opinions*, p. 264, n. 14.

p. 116   En palabras de William R. Shea: Shea, *Galileo's Intellectual Revolution*, p. 163.

p. 117   «Cuando contemplamos la hermosa armonía»: Galilei, *Dialogue*, p. 367.

p. 118   Lo que Shea ha denominado: Shea, *Galileo's Intellectual Revolution*, p. 163.

p. 118   Mudar de representación gráfica: Véase Galilei, *Dialogue*, pp. 342-345.

p. 118   Ármese una ballesta: *Ibid.*, p. 168ff.

p. 119   La basílica de San Petronio: *Ibid.*, p. 463. Sólo he visto este asunto analizado a fondo en el fascinante libro de J. L. Heilbron *The Sun in the Church: Cathedrals as Solar Observatories*, Harvard University Press, Cambridge, 1999, pp. 176-180. Doy las gracias a mi amigo Norman Derby, catedrático de física por ayudarme a entender el diagrama de Heilbron, ilustrativo pero un tanto confuso.

p. 120   Como señala Shea: Shea, *Galileo's Intellectual Revolution*, p. 181.

El juicio, o el afán de no ver

p. 123   En 1575, con la Contrarreforma en marcha: Toda esta información, y más, relacionada con la creciente ductilidad toscana con respecto a los estados papales puede encontrarse en Furio Diaz, *Il Granducato di Toscana: I Medici*, UTET Libreria, Turín, 1976, Part III, «La Toscana nell'età della Controriforma,» pp. 274-278, 287-288, 321-323, y 323-326.

p. 125   Los versos de Ciampoli: Véase Giovanni Ciampoli, *Poesie sacre*, Carlo Zenero, Bologna, 1648. Esta colección está compuesta de versos sobre la utilidad de la poesía sacra, reflexiones basadas en los Salmos, y cantos de alabanza, en especial a la Santa Casa de Loreto. Incluye también un «Cantico delle Benedittioni» para la coronación del papa Urbano VIII. Para una interpretación, véase Franciosi, «Immagini e poesia alla corte di UrbanoVIII».

p. 126   «Una calumnia de...»: De *OGG*, vol. 14, pp. 383-385.

p. 126   «Empiezo a pensar, como bien dices»: *Ibid.*, pp. 388-399.

p. 127   «En estos temas del Santo Oficio»: *Ibid.*

p. 128   «¡Basta ya!»: Carta del 18 de septiembre, de *ibid.*, pp. 391-393.

p. 128   «Hablar con cautela»: *Ibid.*

p. 128   «La gran estima que siento por ti»: De *OGG*, vol. 14, pp. 118-119.

p. 130   En la misiva: *Ibid.*, pp. 406-410.

p. 132   Escribió una nota muy perspicaz a Galileo: Carta del 23 de octubre, de *ibid.*, pp. 418-419.

p. 132   «Traté de despertarle»: Carta del 13 de noviembre, de *ibid.*, pp. 427-428.

p. 133   Se cobró cientos de miles de muertes: Lodovico Antonio Muratori, en su clásico *Annali d'Italia: Dal principio dell'era volgare sino all'anno MDCCXLIX*, Classici Italiani Contrada del Cappuccio, Milán, 1820, vol. 15, p. 117, da la cifra de 560,000, 500,000 para la terra firma del Véneto y 60,000 para las restantes regiones centrales y septentrionales de Italia. No cita documentos.

p. 135   Benedetto Castelli: Carta del 20 de noviembre, de *OGG*, vol. 14, pp. 430-431.

p. 137   A su viejo amigo Elia Diodati: De *OGG*, vol. 10, 15 de enero, pp. 23-26.

p. 138   «Aunque con este tribunal nunca se sabe»: 16 de febrero de 1633, de *OGG*, vol. 15, p. 41.

p. 138   El 19 de febrero escribió a Cioli: De *OGG*, vol. 10, pp. 43-45.

p. 138   «Como visitante»: 19 de febrero de 1633, de *OGG*, vol. 15, pp. 43-45.

p. 139   «Me parece que Serristori»: *Ibid.*

p. 140   Decidió escribir a dos cardenales: De *OGG*, vol. 15, pp. 46, 49.

p. 140   «Según tengo entendido»: Niccolini a Cioli, 27 de febrero, de *OGG*, vol. 10, pp. 54-55.

p. 141   «En el palacio»: He recurrido a la traducción de James J. Langford –extraída de *Galileo, Science, and the Church*, Desclee, Nueva York, 1966–, que aparece citada en Richard J. Blackwell, *Behind the Scenes at Galileo's Trial: Including the First English Translation of Melchior Inchofer's Tractatus syllepticus*, University of Notre Dame Press, Notre Dame, Ind., 2006, p. 5.

p. 141   Escribió a un amigo de Florencia: A Geri Bocchineri, 25 de febrero, del *OGG*, vol. 10, p. 50.

p. 142   *Amorevolezza*: Niccolini a Cioli, 27 de febrero, de *ibid.*, p. 55: «*non mancano chi dubiti che difficilmente [Galileo] habbia a scansar d'esser ritenuto al S. Offizio, bensí si proceda seco sin adesso con molta amorevolezza e placidità.*»

p. 143   Y efectivamente Francesco reconoció: Niccolini a Cioli, 27 de febrero, de *ibid.*, pp. 55-56.

p. 143 «Que Dios perdone»: Niccolini a Cioli, 13 de marzo, de *ibid.*, pp. 67-68.

p. 144 En su calidad de soberano temporal: Sobre las visitas de los embajadores extranjeros a Urbano VIII, véase Leopold von Ranke, *History of the Popes: Their Church and State* (trad. E. Fowler), Colonial Press, Nueva York, 1901, vol. 2, pp. 371-374. [Trad. española: *Historia de los papas*, FCE, México, 1943.]

p. 144 La respuesta de Urbano VIII: Carta del 13 de marzo, de *OGG*, vol. 15, pp. 67-68.

p. 144 El 9 de abril, apenas tres días antes de la apertura del juicio: Niccolini a Cioli, 9 de abril 9, de *OGG*, vol. 10, p. 84.

p. 147 La Inquisición romana apenas se ha estudiado: La principal fuente que he utilizado para las prácticas legales de la Inquisición romana es John Tedeschi, *The Prosecution of Heresy: Collected Studies on the Inquisition in Early Modern Italy*, Medieval & Renaissance Texts & Studies, Binghamton, Nueva York, 1991. Para la resistencia toscana a la Inquisición, véase p. 92; véase también p. 126ff; para la influencia del legista romano Ulpiano, véase p. 143.

p. 150 La *corda*: En el capítulo final de su magistral obra en dos volúmenes, *La Tortura giudiziaria nel diritto comune* (Giuffré, Roma, 1954), Piero Fiorelli señala (pp. 231ff) que Cicerón, Quintiliano, San Agustín, Ulpiano, Boccaccio, y Montaigne atacaron duramente el uso judicial de la tortura. En 1633 muchos filósofos y teólogos la consideraban una práctica indefendible, y dos padres jesuitas la habían criticado de forma implacable en dos importantes tratados: el tirolés Adam Tanner, en *Universa teologia scholastica* (1627), y el alemán Friedrich von Spee, en *Cautio criminales* (1631).

p. 150 «La tortura», rezaba una máxima del derecho canónico: Tedeschi, *Prosecution of Heresy*, p. 144.

p. 150 Directrices del derecho canónico: Para éstas, véase L. Garzend, «Si Galilée pouvait être juridiquement torturé,» *Revue des questions historiques*, vol. 90, 1911-12, pp. 353-389, y vol. 91, 1911-12, pp. 36-67.

p. 151 El acta de la vista del 16 de junio de 1633: Sergio M. Pagano, ed., con Antonio G. Lucciani, *I Documenti del processo di Galileo Galilei* [Contro Galileo Galilei], Pontificiae Academiae Scientiarum, Ciudad del Vaticano, 1984, p. 154. De aquí en adelante abreviado como *DPGG*.

p. 153   En su primera declaración Galileo: *Ibid.*, pp. 124-130.

p. 154   «Se me notificó»: *Ibid.*, p. 127.

p. 154   «Nos, cardenal Roberto Belarmino»: Traducido por Blackwell, *Behind the Scenes at Galileo's Trial*, p. 9.

p. 155   Galileo describió: la primera declaración de Galileo se encuentra en *DPGG*, pp. 124-130.

p. 158   El 16 de abril Niccolini escribió a Cioli: De *OGG*, vol. 10, pp. 94-95.

p. 158   El diplomático remitió a Cioli una nota exultante: de *ibid.*, p. 103.

p. 158   El día antes, en una carta que no se descubrió hasta 1999: Traducido por Blackwell, *Behind the Scenes at Galileo's Trial*, p. 14.

p. 158   En otra carta escrita el 23 de abril: *Ibid.*, p. 14.

p. 160   «Era de la misma opinión [heliocéntrica]»: Esta carta del 2 de octubre de 1632 la cita Fantoli en su libro *Galileo, for Copernicanism and for the Church*, p. 407. Fantoli la trae a colación como prueba convincente de «la disparidad de opiniones que existía entre las propias autoridades eclesiásticas».

p. 161   Dos días después del trascendental encuentro con Maculano, Galileo hizo su segunda declaración: *DPGG*, pp. 130-132.

p. 164   «Todavía no se lo he contado todo»: Carta del 22 de mayo, de *OGG*, vol. 10, p. 132.

p. 164   El 10 de mayo Maculano: *DPGG*, pp. 135-137.

p. 165   Como ha recalcado Maurice Finocchiaro: Maurice A. Finocchiaro, *Retrying Galileo*, University of California Press, Berkeley, 2005, p. 11.

p. 165   Al término de la última sesión: De *DPGG*, pp. 154-155.

p. 166   «Heme aquí en vuestras manos»: *del resto, son qua nelle loro mani, faccino [sic] quello gli piace [sic]*.

p. 167   Lo que Richard J. Blackwell ha denominado: Véase Blackwell, *Galileo, Bellarmine, and the Bible*, p. 37. Véase capítulo 3 para un análisis exhaustivo.

p. 168   Perugino: Véase Giorgio Vasari, *The Lives of the Artists* (trad. Julia Conway Bondanella and Peter Bondanella), Oxford University Press, Nueva York, 1991, p. 266. [Trad. española: *Vida de grandes artistas*, Mediterráneo, Madrid, 1966.]

p. 169   Conceptos básicos de la filología moderna: Para los comienzos de la crítica bíblica moderna, véase Richard H. Popkin, «Spinoza and Bible Scholarship,» en Don Garrett, ed., *The Cambridge Com-*

panion to Spinoza, Cambridge University Press, Cambridge, R.U., 1986, pp. 383-407.

p. 171   El informe de los asesores sobre el copernicanismo: Está traducido en Finocchiaro, *Galileo Affair*, p. 146.

p. 171   «Considero que Vuesa Reverencia»: Traducido por Blackwell en *Galileo, Bellarmine, and the Bible*, p. 266.

p. 174-   «Nunca fue nuestra intención: Citado en Favaro, «Gli opposito-
175   ri di Galileo,» p. 18.

p. 175   «Le creemos»: *Ibid.*, p. 39.

Epílogo. *Invidia*

p. 177   Hay un momento en el *Diálogo* de Galileo: Galilei, *Dialogue*, p. 36-37.

p. 179   En una famosa carta: Traducida por Blackwell en *Galileo, Bellarmine, and the Bible*, p. 206.

p. 179   «La filosofía [...] está escrita en este gran libro»: Galilei, *Discoveries and Opinions*, pp. 237-238.

p. 180   Las «lecciones» de Galileo sobre la estructura geométrica del *Inferno*: De *OGG*, vol. 9, pp. 31-57.

p. 182   La composición más interesante del pisano: De *ibid.*, pp. 213-223.

p. 182   Mario Biagioli ha analizado: Véase Mario Biagioli, *Galileo Courtier: The Practice of Science in the Culture of Absolutism*, Chicago University Press, Chicago, 1993, pp. 107-159. [Trad. española: *Galileo cortesano: la práctica de la ciencia en la cultura del absolutismo*, Katz Barpal, Madrid, 2008.]

p. 183   Cigoli: Toda esta crónica de la correspondencia entre Galileo y Cigoli se basa en las cartas de los dos amigos, tal como figuran en *OGG*, vol. 10, pp. 241, 243, 290, 441, 456, 475, 478; y vol. 11, pp. 36, 132, 167, 175, 208, 212, 228, 241, 268, 286, 290, 318, 347, 361, 369, 386, 410, 418, 424, 475, 484, 501.

p. 183   Eileen Reeves: Reeves, *Painting the Heavens*, pp. 138-183.

p. 187   Un par de dibujos de Cigoli: Véase Miles Chappell, «Cigoli, Galileo, and *Invidia*,» *Art Bulletin*, vol. 57, n.º 1, marzo de 1975, pp. 91-98.

Bibliografía seleccionada

Fuentes originales

Galilei, Galileo, *Le opere di Galileo Galilei* (ed. Antonio Favaro), 20 vol., Barbera, Florencia, 1929-39. [Ed. española: *Obras completas*, Planeta, Madrid.]

Pagano, Sergio M., ed., con Antonio G. Lucciani, *I Documenti del processo di Galileo Galilei* [Contro Galileo Galilei]. Pontificiae Academiae Scientiarum, Ciudad del Vaticano, 1984.

Libros

Ariosto, Ludovico. *Orlando furioso* (trad. David Slavitt). Harvard University Press, Cambridge, en preparación.

Aristotle. *On the Heavens* (trad. W. K. C. Guthrie). Heinemann, Londres, 1939. [Trad. española: *Acerca del cielo*, Gredos, Madrid, 1996.]

Banfi, Antonio. *Vita di Galileo Galilei*. Cultura, Milán, 1930.

Barberini, Maffeo. *Maphaei SRE, Card. Barberini nunc Urbani PP VIII poemata*. R. Cam. Apost., Roma, 1631.

Biagioli, Mario. *Galileo Courtier: The Practice of Science in the Culture of Absolutism*. Chicago University Press, Chicago, 1993. [Trad. española: *Galileo cortesano: la práctica de la ciencia en la cultura del absolutismo*, Katz Barpal, Madrid, 2008.]

—. *Galileo's Instruments of Credit: Telescopes, Images, Secrecy*. University of Chicago Press, Chicago, 2006.

Blackwell, Richard J. *Galileo, Bellarmine, and the Bible: Including a Translation of Foscarini's Letter on the Motion of the Earth*. University of Notre Dame Press, Notre Dame, Ind., 1991.

—. *Behind the Scenes at Galileo's Trial: Including the First English Translationof Melchior Inchofer's Tractatus syllepticus*. University of Notre Dame Press, Notre Dame, Ind., 2006.

Bredekamp, Horst. *Galileo der Kunstler: Der Mond. Die Sonne. Die Hand*. Akademie Verlag, Berlín, 2007.

Chappell, Miles L., ed. *Disegni di Ludovico Cigoli*. Exhibition catalogue.Olschki, Florencia, 1992.

Ciampoli, Giovanni. *Poesie sacre*. C. Zenero, Bolonia, 1648.

Deo Feo, Vittorio, and Vittorio Martinelli, eds. *Andrea Pozzo*. Electa, Milán, 1996.

Diaz, Furio. *Il Granducato di Toscana: I Medici*. UTET Libreria, Turín, 1976.

Drake, Stillman. *Galileo at Work: His Scientific Biography*. University of Chicago Press, Chicago, 1978. [Trad. española: *Galileo*, Alianza, Madrid, 1984.]

Edgerton, Samuel Y. *The Renaissance Rediscovery of Linear Perspective*. Basic Books, Nueva York, 1975.

—. *The Heritage of Giotto's Geometry: Art and Science on the Eve of the Scientific Revolution*. Cornell University Press, Ithaca, N.Y., 1991.

Evans, Robin. *The Projective Cast: Architecture and Its Three Geometries*. MIT Press, Cambridge, 1995.

Fagiolo, Marcello, ed. *Gian Lorenzo Bernini e le arti visive*. Istituto della Enciclopedia italiana, Roma, 1987.

Fantoli, Annibale. *Galileo, for Copernicanism and for the Church*. Vatican Observatory Publications, Ciudad del Vaticano, 1996.

Finocchiaro, Maurice A., ed. y trad., *The Galileo Affair: A Documentar History*. University of California Press, Berkeley, 1989.

Finocchiaro, Maurice A. *Retrying Galileo*. University of California Press, Berkeley, 2005.

Fiorelli, Piero. *La Tortura giudiziaria nel diritto comune*, 2 vols. Giuffré, Roma, 1954.

Galilei, Galileo. *Discoveries and Opinions of Galileo* (trad. y ed. Stillman Drake). Doubleday Anchor Books, Garden City, N.Y., 1957.

—. *Dialogue Concerning the Two Chief World Systems– Ptolemaic & Copernican* (trad. Stillman Drake). University of California Press, Berkeley, 1967. [Trad. española: *Diálogo sobre los dos máximos sistemas del mundo ptolemaico y copernicano*, Alianza, Madrid, 1995.]

—. *Sidereus nuncius, or, The Sidereal Messenger*. Chicago University Press, Chicago, 1989. [Trad. española: *El mensajero sideral*, Alianza, Madrid, 1990.]

—. *Le Rime* (ed. Antonio Marzo). Salerno, Roma, 2001.

Gingerich, Owen. *The Eye of Heaven: Ptolemy, Copernicus, Kepler.* American Institute of Physics, Nueva York, 1993.

Haskell, Francis. *Patrons and Painters: A Study in the Relations between Italian Art and Society in the Age of the Baroque.* Knopf, Nueva York, 1963. [Trad. española: *Patronos y pintores: arte y sociedad en la Italia del barroco,* Cátedra, Madrid, 1984.]

Heilbron, J. L. *The Sun in the Church: Cathedrals as Solar Observatories.* Harvard University Press, Cambridge, 1999.

Kemp, Thomas. *The Science of Art: Optical Themes in Western Art from Brunelleschi to Seurat.* Yale University Press, New Haven, Conn.,1990.

Kepler, Johannes. *Conversations with the Sidereal Messenger* (trad. y ed. Edward Rosen). Johnson Reprint Corporation, Nueva York, 1965. [Trad. española: *Conversaciones con el mensajero sideral,* Alianza, Madrid, 2007.]

Kirwin, William Chandler. *Powers Matchless: The Pontificate of Urban VIII, the Baldachin, and Gian Lorenzo Bernini.* P. Lang, Nueva York, 1997.

Lindberg, David C., and Robert S. Westman. *Reappraisals of the Scientific Revolution.* Cambridge University Press, Cambridge, R. U., 1990.

McMullin, Ernan, ed. *The Church and Galileo.* University of Notre Dame Press, Notre Dame, Ind., 2005.

Morpurgo- Tagliabue, Guido. *I Processi di Galileo e l'epistemologia.* Armando, Roma, 1981.

Muratori, Lodovico Antonio. *Annali d'Italia: Dal principio dell'era volgare sino all'anno MDCCXLIX,* 14 vols. Classici Italiani Contrada del Cappuccio, Milán, 1820.

Nussdorfer, Laurie. *Civic Politics in the Rome of Urban VIII.* Princeton University Press, Princeton, N.J., 1992.

Onori, Lorenza Mochi, Sebastian Schütze y Francesco Solinas, eds. *I Barberini e la cultura europea del Seicento.* De Luca Editori d'Arte, Roma, 2007.

Panofsky, Erwin. *Galileo as a Critic of the Arts.* M. Nihoff, La Haya, 1954.

Pasquali, Giorgio. *Storia della tradizione e critica del testo.* F. Le Monnier, Florencia, 1962.

Pastor, [Freiherr] Ludwig von. *The History of the Popes* (trad. Ernest Graf), Kegan Paul, French, Trubner & Co., Londres, 1937.

Pedrotti, Frank L., Leno M. Pedrotti y Leno S. Pedrotti. *Introduction to Optics.* Pearson/Prentice Hall, Upper Saddle River, N.J., 2007.

Pérez- Gómez, Alberto y Louise Pelletier. *Architectural Representation and the Perspective Hinge.* MIT Press, Cambridge, 1997.

Prosperi, Adriano. *L'Inquisizione romana: letture e ricerche.* Edizioni di storia e letteratura, Roma, 2003.

Ranke, Leopold von. *History of the Popes: Their Church and State* (trad.
E. Fowler), 3 vols. Colonial Press, Nueva York, 1901. [Trad. española:
Historia de los papas, FCE, México, 1943.]
Redondi, Pietro. *Galileo Eretico*. Einaudi, Turín, 1983.
Reeves, Eileen. *Painting the Heavens: Art and Science in the Age of Galileo*.
Princeton University Press, Princeton, N.J., 1997.
Ronchi, Vasco. *Il Cannocchiale di Galileo e la scienza del Seicento*, Edizioni
Scientifiche Einaudi, Turín, 1958.
—. *The Nature of Light: An Historical Survey* (trad. V. Barocas). William
Heinemann, Londres, 1970.
Shea, William R. *Galileo's Intellectual Revolution*. Neale Watson Academic,
Nueva York, 1972. [Trad. española: *La revolución intelectual de Galileo*,
Ariel, Barcelona, 1983.]
Shea, William R., y Mariano Artigas. *Galileo in Rome: The Rise and Fall of a
Troublesome Genius*. Oxford University Press, Nueva York, 2004. [Edición
española: *Galileo en Roma*, Encuentro, Madrid, 2003.]
Taton, R., and C. Wilson, eds. *Planetary Astronomy from the Renaissance to the
Rise of Astrophysics: Part A. Tycho Brahe to Newton* [*The General History of
Astronomy*]. Cambridge University Press, Cambridge, 1989.
Van Helden, Albert. *Catalogue of Early Telescopes*. Istituto e Museo di Storia
della Scienza/Giunti, Florencia, 1999.
Wlassics, Tibor. *Galilei critico letterario*. Longo Editore, Ravena, 1974.

Artículos y capítulos

Adams, C. W. «A Note on Galileo's Determination of the Height of Lunar
Mountains.» *Isis*, vol. 17, 1932, pp. 427-429.
Beretta, Francesco. «Le Procès de Galilée et les Archives du Saint- Office.»
Revue des sciences philosophiques et théologiques, vol. 83, 1999, pp. 441-490.
Cajori, Florian. «History of the Determination of the Heights of Moun-
tains.»*Isis*, vol. 12, 1929, pp. 482-512.
Campanella, Tommaso. «The Defense of Galileo» (trad. Grant McColley).
Smith College Studies in History, vol. 22, nos. 3-4, abril-julio 1937.
Chappell, Miles. «Cigoli, Galileo, and *Invidia*.» *Art Bulletin*, vol. 57, n.º 1,
marzo de 1975, pp. 91-98.
«Cigoli, Ludovico [Ludovico Cardi detto il Cigoli],» en *Bollettino della Acca-
demia degli Euteleti della città di San Miniato*, S. Miniato, Florencia, n.d.
Drake, Stillman. «Galileo's Steps to Full Copernicanism and Back.» *Studiesin
the History and Philosophy of Science*, vol. 18, n.º 1, 1987, pp. 93-105.

Favaro, Antonio. «Gli oppositori di Galileo, VI; Maffeo Barberini.» *Atti del Reale Istituto Veneto di Scienze, Lettere ed Arti*, vol. 80, 1920-21, parte 2, pp. 1-46.

Garzend, L. «Si Galilée pouvait être juridiquement torturé.» *Revue des questions historiques*, vols. 90 y 91, 1911-12, pp. 353-389 y pp. 36-67.

Giacchi, Orio. «Considerazioni giuridiche sui due processi contro Galileo,» en *Nel Terzo Centenario della morte di Galileo: saggi e conferenze*. Università Cattolica del Sacro Cuore, Vita e Pensiero, Milán, pp. 383-406.

Lindberg, David C., con Nicholas H. Steneck. «The Sense of Vision and the Origins of Modern Science,» en Allen G. Debus, ed., *Science, Medicine and Society in the Renaissance: Essays in Honor of Walter Pagel*. Heineman, Londres, 1972, vol. 1, pp. 29-46.

Morel, Philippe. «Morfologia delle cupole dipinte da Correggio a Lanfranco.» *Bolletino d'arte*, ser. 6., vol. 69, n.º 23, 1984.

Popkin, Richard H. «Spinoza and Bible Scholarship,» en Don Garrett, ed., *The Cambridge Companion to Spinoza*. Cambridge University Press, Cambridge, 1996, pp. 383-407.

Ronan, Colin A., G. I.'E Turner, *et al.* «Was There an Elizabethan Telescope?» *Bulletin of the Scientific Instrument Society*, vol. 37, 1993, pp. 2-10.

Sluiter, Engel. «The Telescope before Galileo.» *Journal for the History of Astronomy*, vol. 28, 1997, pp. 223-234.

Van Helden, Albert. «The Invention of the Telescope.» *Transactions of the American Philosophical Society*, vol. 67, n.º 4, 1977, pp. 5-64.

—. «Galileo and the Telescope,» en Paolo Galluzzo, ed., *Novità celesti e crisi del sapere*. Giunti, Florencia, 1984, pp. 149-158.

—. «The Telescope and Authority from Galileo to Cassini.» *Osiris*, 2.ª ser., vol. 9, «Instruments,» 1994, pp. 8-29.

Van Helden, Albert, y Mary Winkler. «Representing the Heavens: Galileo and Visual Astronomy.» *Isis*, vol. 82, n.º 2, junio 1992, pp. 195-217.

Créditos de las ilustraciones

Índice analítico